Silvan Carabin

Wer bin ich?

Silvan Carabin

Wer bin ich?

Meine Identität – aus Gottes Sicht

GloryWorld-Medien

2. Auflage 2018

Bibelzitate sind, falls nicht anders gekennzeichnet, der Lutherbibel, Revidierte Fassung von 1984, entnommen. Weitere Bibelübersetzungen:

HFA: Hoffnung für alle, Basel und Gießen, 1983
NeÜ: Neue evangelistische Übersetzung, 2012
NGÜ: Neue Genfer Übersetzung, 2009
NLB: „Neues Leben. Die Bibelübersetzung", Holzgerlingen, 2002
SLT: Schlachter 2000

Das Buch folgt den Regeln der Deutschen Rechtschreibreform. Die Bibelzitate wurden diesen Rechtschreibregeln angepasst.

Lektorat: Dr. Dorit Bieneck
Satz: Manfred Mayer
Umschlaggestaltung: Oliver Berlin, www.oliverberlin.biz

ISBN: 978-3-936322-95-8

Bestellnummer: 359295

Erhältlich beim Verlag:

GloryWorld-Medien
Beit-Sahour-Str. 4
D-46509 Xanten
Tel.: 02801-9854003
Fax: 02801-9854004
info@gloryworld.de
www.gloryworld.de

oder in jeder Buchhandlung

Empfehlungen

Von Herzen kann ich Silvan Carabins neues Buch „Wer bin ich?" empfehlen. Es ist vollgepackt mit wertvollen Schätzen, die dich in Freiheit leben lassen. Das Buch dreht sich darum, zu all dem zu werden, wozu dich Gott geschaffen hat. Gott hat dich einzigartig geschaffen und zu etwas Besonderem berufen. Es gibt niemanden wie dich, du bist speziell. Wenn du diese einfachen Wahrheiten aus „Wer bin ich?" aufnehmen kannst, wird sich dein Leben radikal verändern.

Gary Oates
Autor von „Öffne mir die Augen, Herr!"

Etwas vom Wichtigsten im Leben ist, zu erkennen, wer wir wirklich sind. Silvan gelingt es, auf eine ermutigende Art und Weise aufzuzeigen, wie fest Gott uns liebt, was er über uns denkt und was dies für unsere Identität bedeutet. Dieses Buch wird Sie ermutigen und Ihre Identität stärken.

Philipp Döbeli,
Autor von „Mehr. Gott am Arbeitsplatz."

Silvan gelingt es, seine Erkenntnisse kurz und prägnant so in Worte zu fassen, dass es lesbar ist und verstanden werden kann. Immer wieder staune ich über die Tiefe seiner Erkenntnis – und da ich ihn auch im Alltag erlebe – wie verwurzelt er in seiner Identität schon ist. Silvan hat eine Botschaft, es lohnt sich hinzuhören!

Kurt Haefeli
Mitglied der Gemeindeleitung der FCG Aarau

Ich kenne Silvan seit Gott ihn in diese Welt geschenkt hat. Seine Persönlichkeit ist mehr und mehr verwurzelt in der wahren Identität von Gott, sie wirkt sich anziehend und wohltuend auf jeden Menschen in seinem Umfeld aus.
In seinem Buch nimmt er uns mit zum Leben in der Freiheit als Gottes geliebter Sohn oder Gottes geliebte Tochter und räumt auf diesem Weg Vorurteile, Befürchtungen und Ängste weg. Silvan zeigt auf, wie wertvoll, gewollt und beabsichtigt unsere einzigartige Persönlichkeit für Gott ist, um diese Welt damit zu beschenken.

Lisette Carabin
Mutter von Silvan, Bereichsleiterin Kinder & Teenies der FCG Aarau

Angefüllt aus einem reichen geistlichen Erbe, teilt Silvan in diesem Buch sein Herz, was er durch die letzten Jahre hindurch gelernt hat als Person und Leiter in einem erwecklichen und glaubensvollen Umfeld. Er nimmt den Leser ganz locker mit in eine Sichtweise über die eigene Identität, die Gott uns gegeben hat, von welcher viele Gläubige kaum zu denken wagen. Und ganz tief im Herz beginnt etwas Resonanz zu geben und eine ungeahnte Dimension unseres Menschseins erwacht zum Leben. Dieses Buch wird dich verändern!

Matthias Truttmann
Gemeindeleiter der FCG Aarau

Nur wer seine wahre, Gott gegebene Identität kennt, kann darin laufen und die Dinge tun, welche Gott für uns vorbereitet hat. Silvan Carabin hat es einmal mehr verstanden, auf eine authentische Art und Weise, Gottes Plan für uns aufzuzeigen. Nebst all den biblischen Wahrheiten, welche Silvan in seinem neusten Buch aufzeigt, unterstreicht sein Leben, dass er als Täter des Wortes in einer klaren göttlichen Identität lebt und sein Umfeld gerne damit beschenkt. Ich empfehle dir dieses Buch nur zu lesen, wenn du bereit bist dich vom Heiligen Geist in eine neue Persönlichkeit verwandeln zu lassen. Nebst vielen „aha" Erlebnissen wirst du merken, dass wir einen liebenden, wunderbaren Gott haben, welcher dich als Original designt hat. Viel Spaß beim Lesen und Dich-verändern-Lassen, zurück in Gottes Plan.

Dieter Gloor
Mitglied der Gemeindeleitung der FCG Aarau

Eines der größten Probleme, die wir auf der Welt haben, ist, dass Menschen sich in ihrer eigenen Haut nicht wohl fühlen, weil sie nicht wissen wer sie sind. Eine Antwort auf dieses Problem hältst du gerade in deinen Händen! Silvan Carabin hat seine Identität als geliebter Sohn Gottes gefunden und das ist ansteckend. Wenn alle Menschen das leben würden, was dieses Buch enthält, hätten wir eine Kultur, die komplett den Himmel widerspiegeln würde. Ich danke Silvan von Herzen, dass er die wichtigsten Aspekte bezüglich unserer Identität in Gott, in diesem Buch zusammengefasst hat. Von Wort zu Wort und Seite zu Seite wurde ich neu inspiriert, die Liebe Gottes tiefer kennenzulernen. Silvan du bist ein geliebter Sohn!

Andrea Di Meglio
Leiter Power Evangelism der Vineyard Bern

Gott und der Teufel stellen uns Menschen genau die gleiche Frage: Wer glaubst du, dass du bist?
In dem Buch, das du in Händen hältst, nimmt dich Silvan Carabin auf eine wunderbare Reise mit, zu den Wahrheiten Gottes über deinem Leben. Dieses Buch bringt Klarheit in das wohl umkämpfteste Thema unserer Zeit – Deine Identität. Wenn du es zulässt, dass dieses Buch deine Gedanken erneuern darf hin zu dem, was das Wort Gottes über dich sagt, wirst du erfahren, was es heißt, wie Johannes geschrieben hat: Meine lieben Freunde, wir sind schon jetzt Kinder Gottes. Denn ein Leben im Geist zu führen heißt nichts anderes, als in Übereinstimmung mit der Wahrheit zu

leben. Dieses Buch ist voll damit. Ein Muss für jeden, der so leben will wie Jesus Christus.

Dominic Haab
Landwirt und Jugendpastor im „Zwänzger" in Zürich

Inhalt

Denn in ihm hat er uns erwählt,
ehe der Welt Grund gelegt war,
dass wir heilig und untadelig vor ihm sein sollten;
in seiner Liebe hat er uns dazu vorherbestimmt,
seine Kinder zu sein durch Jesus Christus
nach dem Wohlgefallen seines Willens.

Eph 1,4-5 (LUT)

WIDMUNG

Ich widme dieses Buch den Studierenden
der Supernatural Life Academy (SLA).

Mein Herz fließt über mit Stolz und Liebe
für jeden Einzelnen von euch.

Euer Mut, Risiken einzugehen, eure Durchbrüche
und eure Leidenschaft inspirieren mich.

Ich fühle mich geehrt, ein Teil dieser „Familie" zu sein.

Vorwort

Erweckung beginnt, wenn wir entdecken, was Jesus *für* uns getan hat. Aber Erweckung wird anhalten, wenn wir verstehen, was er *an* uns getan hat.

Ich kenne Silvan seit mehreren Jahren. Dass ich konstant die Zeichen von Erweckung in seinem Leben erkenne, sagt mir Eines: Er weiß sowohl, wer Gott ist, als auch, was Gott über ihn sagt, wer er ist … in Christus.

Eines der verbreitetsten Verbrechen heutzutage ist Identitätsdiebstahl. Genauso ist es auch in der geistlichen Welt. Wenn du etwas anderes über dich glaubst, als der Vater über dich sagt, wirst du nicht das Leben führen, das er für dich geschaffen hat. Wenn du dagegen glaubst, was er über dich sagt, wirst du das Leben führen, das er für dich vorgesehen hat. Dazu musst du dich nicht noch mehr anstrengen, sondern es wird ganz natürlich kommen. Wie wir leben, entspricht immer dem, was wir über uns glauben.

Irgendwann im Lauf der Zeit haben viele von uns entschieden, was wir über uns glauben – aufgrund dessen, was andere über uns gesagt haben, oder noch schlimmer, aufgrund von Dingen, die wir getan haben. Das hat zur Folge, dass wir diese Dinge immer wieder tun. Aber nicht unser Verhalten definiert letztlich, wer wir sind, sondern Gott tut dies. Wenn wir mit ihm übereinstimmen, wird sich unser Verhalten ändern.

Wenn du merkst, dass dein Leben mit dem, was Gott über dich sagt, noch nicht in Einklang ist, oder wenn du noch gar nicht weißt, wer du in Gottes Augen bist, wird dieses Buch dir erklären, was deine Identität ist. Da der Autor dies in sehr klarer Weise tut, wird es dir darüber hinaus leichtfallen, nach dem Lesen und Anwenden des Inhaltes völlig verändert weiterzuleben.

Seth Dahl
Kinderpastor der Bethel Church, Redding, Kalifornien

KAPITEL 1

Identität, das Fundament

Fundament

Unsere Identität definiert uns und bildet das Fundament unseres Lebens. Identität ist das, was uns bleiben würde, wenn man uns alles wegnehmen würde. Identität ist, wer wir sind, nicht, was wir tun oder was wir haben.

Deine Identität ist somit das, was dich auszeichnet und dich ausmacht. Wer wir sind, also unsere wahre Identität, empfangen wir von unserem himmlischen Vater. Er gibt uns unseren Wert, indem er uns als seine geliebten Kinder annimmt. Seine Gedanken über uns zeichnen uns aus. Wenn wir verstehen, wer wir in den Augen unseres liebenden Vaters sind, empfangen wir bedingungslose Annahme und Wert. Dies nicht aufgrund dessen, was wir tun, sondern aufgrund dessen, wer wir sind. Wir sind nämlich seine geliebten Kinder.

Wenn unsere Gedanken über uns selbst mit den Gedanken unseres himmlischen Vaters in Übereinstimmung kommen, haben wir unsere wahre Identität gefunden. Tatsache ist nämlich, dass jeder von uns Gedanken über sich selbst hat, die ihm eine Identität geben. Aber solange diese Gedanken nicht mit denen des himmlischen Vaters übereinstimmen, haben wir unsere wahre Identität noch nicht gefunden. Solange unsere Identität davon abhängt, was wir tun oder haben, ist es noch nicht unser himmlischer Vater, von dem unsere Identität kommt.

Wenn wir bedingungslos angenommen und geliebt sind, ist das eine inwendige Sache, die sich nicht ändert, egal, wie sich Umstände, Meinungen anderer, unser Umfeld usw. verändert. Diese Annahme und Liebe geben mir Identität und Wert, sodass mich Dinge, die von außen auf mich einwirken, komplett ruhig lassen können.

Wenn ich meine himmlische Identität entdeckt habe, habe ich ein sicheres Fundament und kann meine Umstände zu definieren beginnen, ohne dass meine Umstände mich definieren. Das wiederum ist wahre Freiheit: egal, was außerhalb von mir abgeht, innerlich trotzdem Frieden und Freude zu bewahren, weil ich weiß, dass ich von meinem allmächtigen Vater bedingungslos angenommen und geliebt bin.

Es gibt nur eine richtige Antwort auf die Frage, wer wir sind. Wir sind geliebte Söhne und Töchter unseres himmlischen Vaters. Alles andere kann und wird sich vermutlich irgendwann ändern. Wenn wir uns über das definieren, was wir tun oder haben, wird das nicht Bestand haben, aber geliebte Söhne und Töchter werden wir für immer bleiben. Egal, ob du gerade eine schlechte Leistung ablieferst oder einen Weltrekord brichst – du bist immer ein geliebtes Kind Gottes.

Ich leite die Supernatural Life Academy (SLA). Wenn ich aber damit beginne, meine Identität darauf zu gründen, habe ich früher oder später ein Problem, nämlich dann, wenn ich nicht mehr Leiter der SLA bin. Auch wenn ich mich darüber definiere, welches Auto ich fahre oder in was für einem Haus ich wohne, ist das ein unsicheres Fundament, das sich schnell auflösen kann. Meine Identität liegt nicht in einem Status, einem Job oder einem Statussymbol. Zuallererst bin ich ein geliebtes Kind Gottes. Das ändert sich nicht, egal, was ich mache oder auch nicht mache.

... hat er uns dazu vorherbestimmt, seine Kinder zu sein durch Jesus Christus nach dem Wohlgefallen seines Willens (Eph 1,5).

Warum sind wir zuallererst geliebte Kinder und nicht etwas anderes? Wenn du ein Sohn oder eine Tochter bist, kannst du das nicht ändern. Du wirst es immer sein! Der himmlische Vater hätte Jesus auch als König der Könige offenbaren können oder als Licht der Welt usw. Das wäre durchaus zutreffend gewesen. Er offenbarte ihn jedoch als seinen geliebten Sohn! Was Jesus am meisten auszeichnete, war nicht, dass er der König der Könige ist, sondern dass er der geliebte Sohn Gottes ist.

Und da geschah eine Stimme vom Himmel: Du bist mein lieber Sohn, an dir habe ich Wohlgefallen (Mk 1,11).

Jesus lebte ein geniales Leben. Er lebte ohne Sünde und gab schließlich sein Leben für die Menschheit hin. Trotz all dem Guten, das er tat, bestand seine Identität darin, dass er ein geliebter Sohn Gottes war.

Identität gibt dir Sicherheit

Gott gibt dir deine wahre Identität, und diese Identität gibt dir Sicherheit. Ich fühle mich sicher, weil ich weiß, wer ich in Gottes Augen bin – sein geliebtes Kind. Aus diesem Grund muss ich niemandem etwas beweisen, denn ich weiß ja, wer ich bin.

Identität ist eine inwendige Sache. Aus diesem Grund hilft es dir nichts, wenn du deine Umgebung veränderst, indem du z. B. ein teures Auto kaufst. Inwendig wirst du dich immer noch genauso leer und minderwertig fühlen. Ebenso gilt: Wenn sich dein Umfeld verändert, verändert sich dadurch nichts an deiner Identität. Wenn du zum Beispiel degradiert wirst in deiner Firma, ändert das nichts an deiner Identität und an deinem Wert. Du bist nach wie vor ein bedingungslos angenommenes und geliebtes Kind Gottes.

Kris Vallotton sagte einmal:

> Wenn du einen Sklaven in einen Palast steckst, macht er es zu einem Gefängnis. Wenn du einen Prinzen in ein Gefängnis bringst, macht er es zu einem Palast.[1]

Äußere Umstände ändern nichts an deiner Identität, aber deine Identität verändert deine Umstände.

Anwendung

1. Frage den Heiligen Geist, ob du aus irgend etwas anderem deine Identität beziehst, als dass du ein geliebtes Kind Gottes bist?

   ____

2. Nur dein himmlischer Vater kann dir wahren Wert und Anerkennung geben. Frage ihn, wie wertvoll du für ihn bist und schreibe auf, was du von ihm hörst.

   ____

Deklaration

Sprich laut über dich aus:

„Ich bin von meinem himmlischen Vater geliebt und angenommen."

„Die Liebe und Annahme meines himmlischen Vaters bildet ein festes Fundament in meinem Leben."

[1] Interview auf der Inspire-Konferenz am 22. Juli 2014; http://www.bethel.tv/watch/2086/2014-inspire/2014/07/21?session=999)

KAPITEL 2

Sohn- und Tochterschaft

Die Tatsache, dass Gott unser himmlischer Vater ist, beinhaltet die Wahrheit, dass wir seine Söhne und Töchter sind. Wann immer wir Gott nicht als Vater erkennen, können wir uns nicht als Söhne und Töchter sehen. Gott ist unser *guter* Vater. Man kann es auch anders sagen: Unser Vater ist Gott. Unser Vater ist der Schöpfer des Universums und wir sind ihm wichtig. Wir sind sein Ein und Alles. Er behütet uns wie seinen Augapfel (Psalm 17,8). Ihm ist wichtig, was uns wichtig ist. Er interessiert sich für unsere Interessen. Allein das ist ziemlich erstaunlich.

Ein Bibelvers, der mich immer wieder an die unendliche Güte unseres himmlischen Vaters erinnert, ist Psalm 20,5: *„Er gebe dir, was du von Herzen wünschst, was du dir vorgenommen hast, lasse er gelingen!"* (HFA). Als Sohn oder Tochter bekommst du nicht nur, was du brauchst. Als Sohn oder Tochter bekommst du auch, was du dir wünschst. Arbeiter bekommen das, was sie brauchen. Da wir aber nicht primär Arbeiter sind, sondern Söhne und Töchter, liebt es unser himmlischer Vater uns unsere Herzenswünsche zu erfüllen.

Bedingungslose Liebe

Das Fundament von Sohn- und Tochterschaft ist bedingungslose Liebe. Du hast nichts dafür getan, sein geliebtes Kind zu sein, und das bedeutet, dass du auch nichts „dagegen" tun kannst. Du hast dir seine Liebe nicht erarbeitet; er hat dich schon geliebt, als du noch keine Ahnung hattest, dass es ihn überhaupt gibt.

Ein guter Vater liebt sein Kind nicht wegen dessen Leistung, sondern einfach, weil es *sein* Kind ist. Dieses Wissen bringt unheimlich viel Ruhe in unser Leben. Seine Liebe ist nicht abhängig von unserem Handeln. Wenn wir ständig etwas tun müssten, um seine Liebe zu erarbeiten und zu erhalten, wäre das sehr anstrengend. Wenn wir aber einfach sein können, weil wir wissen, dass er uns liebt, so wie wir sind, bringt das Frieden in unser Leben. Wenn wir versuchen, uns seine Liebe zu erarbeiten, sind wir wie der ältere Bruder aus dem Gleichnis in Lukas 15. Wir arbeiten für etwas, das uns bereits gehört. Gott liebt dich und du kannst daran nichts ändern. Egal, was du tust oder auch nicht tust, es hat keine Auswirkung auf die Liebe Gottes zu dir. Seine Liebe ist ohne Bedingungen. Dein himmlischer Vater kann dich nicht mehr lieben, als er dies jetzt gerade tut. Du kannst nichts dafür tun, dass er dich mehr liebt, und nichts dagegen, sodass er dich weniger liebt.

Schon oft kam ich von einer Bühne herunter und hatte das Gefühl, nicht wirklich gut gepredigt zu haben. In diesen Momenten kann in einem ein Gefühl des Versagens aufsteigen. Aber jedes Mal hat mich der Heilige Geist daran erinnert, dass mich nicht meine Leistung oder meine gute Predigt ausmacht, sondern dass ich ein geliebter Sohn Gottes bin. In diesen Momenten spüre ich, wie die Liebe des Vaters in mein Herz fließt und mich ein tiefer Friede und eine tiefe Freude einnehmen. Plötzlich ist es egal, wie meine Predigt war, ich bin einfach sein geliebtes Kind und seine Liebe durchströmt mich. Sicherheit und Frieden kommt daher, dass wir wissen, dass, egal was in unserem Leben auch geschehen mag, wir doch geliebte Kinder Gottes sind.

Wir sind geschaffen, um aus dieser bedingungslosen Liebe und Annahme heraus zu leben. Trotzdem verbringen viele Christen ihr Leben damit, sich seine Annahme und Liebe zu verdienen. Sie denken: Wenn ich genug in der Bibel gelesen habe oder genügend

Menschen von Jesus erzählt habe, nimmt mich mein Vater an und liebt mich. Obwohl sie das vielleicht nie so sagen würden, sind diese Gedanken doch in ihrem Herzen. Daraus resultiert ein großer Stress, weil wir immer etwas leisten müssen. Zu verstehen, dass wir zuerst angenommen sind, bevor wir etwas tun, ist ganz entscheidend, sonst tun wir nämlich alles, um angenommen zu sein.

Kinder zeichnen sich dadurch aus, dass sie sich nicht fragen, ob ihr Vater sie liebt oder annimmt. Sie gehen einfach davon aus. Genau so sollte es bei uns sein. Die Bibel ist da sehr klar: *„So folgt nun Gottes Beispiel als die* ***geliebten Kinder“*** (Eph 5,1). Als Kinder dürfen wir einfach davon ausgehen, dass uns unser himmlischer Vater liebt.

Wir sind geliebte Kinder! An diesen Vers sind keine Bedingungen geknüpft. Die Liebe Gottes ist bedingungslos. Wir haben manchmal das Gefühl, dass Gott uns nicht mehr liebt, wenn wir einen Fehler gemacht haben. Überlege dir einmal: Dein himmlischer Vater hat seinen Sohn für dich auf diese Welt geschickt und sterben lassen, obwohl er bereits wusste, was du alles noch vermasseln wirst. Trotzdem liebte er dich so sehr, dass er seinen einzigen Sohn hergab, damit auch du sein Sohn und seine Tochter werden kannst. Wenn er dich damals geliebt hat, im Wissen über all deine zukünftigen Verfehlungen, wie sollte er dich jetzt nicht mehr lieben können? Gott liebt nämlich nicht, was du tust; er liebt, wer du bist. Wenn er dich heute liebt, liebt er dich auch morgen, denn du wirst morgen der- oder dieselbe sein, egal was du tust. Wenn seine Liebe also nicht von unseren Taten abhängt, muss das bedeuten, dass er uns immer genau gleich stark liebt.

> *Darin ist erschienen die Liebe Gottes unter uns, dass Gott seinen eingeborenen Sohn gesandt hat in die Welt, damit wir durch ihn leben sollen. Darin besteht die Liebe: nicht dass wir Gott geliebt haben, sondern dass er uns geliebt hat und gesandt seinen Sohn zur Versöhnung für unsre Sünden* (1 Joh 4,9-10).

„Gott aber erweist seine Liebe zu uns darin, dass Christus für uns gestorben ist, als wir noch Sünder waren" (Röm 5,8). Als wir noch Sünder waren, zeigte uns Gott seine Liebe. Was gibt es jetzt, da wir Heilige sind (Eph 1,4), noch für einen Grund, dass er uns nicht lieben sollte?

Wir wurden dafür geschaffen, aus Annahme und Liebe zu leben. Wir wurden geschaffen, um bedingungslos geliebte Kinder zu sein.

Vor einigen Jahren stand ich in unserer Gemeinde in der Anbetung und merkte in meinem Herzen, wie ich um die Aufmerksamkeit meines Vaters kämpfte. Der Heilige Geist sprach zu mir, dass ich jederzeit seine Aufmerksamkeit habe, ohne etwas dafür tun zu müssen, weil er es liebt, mich zu beobachten. Dies löste in mir einen tiefen Frieden aus. Genauso wie wir nicht dafür arbeiten, geliebt und angenommen zu sein, arbeiten wir nicht dafür, Aufmerksamkeit zu bekommen. Vielmehr leben wir aus der Offenbarung, dass wir seine Aufmerksamkeit in jeder Sekunde unseres Lebens genießen können.

Aus Überfluss geschaffen

Du bist aus dem Überfluss heraus geschaffen worden. Du bist nicht aus einer Not entstanden, sondern aus Überfluss. Gott hat dich nicht gebraucht, er hat dich gewollt. Dein himmlischer Vater hat dich nicht geschaffen, weil er jemand brauchte, der für ihn die Arbeit macht. Er hat dich geschaffen, weil er dich wollte und weil er dich liebt. Das heißt, du stehst nicht unter Druck, etwas leisten zu müssen.

Wenn meine Frau und ich Kinder möchten, tun wir das nicht, weil wir jemanden brauchen, der uns den Rasen mäht. Das wiederum bedeutet, dass sich die Liebe und Annahme zu unserem Kind nicht ändert aufgrund dessen, was es tut. Gottes Auftrag an uns ist, uns zu vermehren und über die Erde zu herrschen, und dies, weil er nicht genug von uns Menschen bekommen kann. Er liebt uns Menschen (vgl. 1. Mo 1,28).

Gott hat uns nicht geschaffen, weil er uns unbedingt brauchte, sondern, weil er uns unbedingt wollte. Als Sohn oder Tochter kannst du nicht versagen. Du bist geliebt, so wie du bist. Dein Vater hat dich erschaffen, damit du das Leben genießen kannst und damit er dich genießen kann. Gott toleriert dich nicht, er genießt dich. Er hat Wohlgefallen an dir. Wen er dich ansieht, bricht er in Jubel aus. Egal, was du tust oder auch nicht tust, er genießt dich, weil du so bist, wie er es sich gewünscht hat.

> *Denn der HERR, dein Gott, ist bei dir, ein starker Heiland. Er wird sich über dich freuen und dir freundlich sein, er wird dir vergeben in seiner Liebe und wird über dich mit Jauchzen fröhlich sein* (Zef 3,17).

Ja, ein Teil deiner Berufung ist es, gute Werke zu tun, die Jesus vorbereitet hat. Aber diese tust du nicht für Liebe, sondern aus Liebe. Du tust es nicht, damit du angenommen wirst, sondern weil du angenommen bist.

> *Denn wir sind sein Werk, geschaffen in Christus Jesus zu guten Werken, die Gott zuvor bereitet hat, dass wir darin wandeln sollen* (Eph 2,10).

Du bist nicht geliebt, weil du gute Werke tust, sondern du tust gute Werke, weil du geliebt bist.

Ihn als Vater sehen

Unser Vater ist nicht nur mächtig und heilig, er ist vor allem unser *Vater*. Oft fehlt uns die Offenbarung dieser Wahrheit. Wir sehen Gott als König, als Herrscher, als allmächtigen Schöpfer, und vergessen dabei ganz, dass er unser *Vater* ist. Dabei hat Jesus in seiner Zeit auf der Erde ganz klar davon gesprochen, dass er gekommen ist, um den *Vater* zu offenbaren (vgl. Joh 14,12). Als er uns beten lehrte, lehrte er uns zum *Vater* zu beten (vgl. Mt 6,9).

Bei einem Vorgesetzten, von dem du weißt, dass er mächtig ist und sehr viel Einfluss hat, würdest du gewiss nicht in eine laufende Besprechung hineinplatzen. Du wirst dich auch nicht aus seinem Kühlschrank bedienen, als ob alles darin dir gehören würde. Du würdest ihm nie deine ganz persönlichen Träume mitteilen und erwarten, dass er dir gibt, was du zu deren Verwirklichung benötigst. Wenn du nun aber erkennst, dass Gott nicht nur dein Chef mit Macht und Einfluss ist, sondern auch dein *Vater*, ändert sich alles. Du wirst keine Hemmungen haben, in sein Büro zu platzen. Du wirst von seinem Vorrat nehmen, als ob er deiner wäre. Du verhältst dich ganz anders. In Lukas 15,31 predigt Jesus: „Alles, was dem Vater gehört, gehört auch dir." Er ist unser *Vater*, wir sollten uns entsprechend verhalten …

Um unserer Bestimmung als Kinder Gottes gerecht zu werden, müssen wir verstehen, dass Gott an erster Stelle unser guter Vater ist. Ansonsten trauen wir uns nicht, uns das zu nehmen, was wir benötigen, um unseren Auftrag erfolgreich zu erfüllen. Er hat deine Berufung als dein Vater geplant; also lass sie uns als Söhne und Töchter erfüllen …

Wir müssen nicht nur verstehen, dass er unser Vater ist, sondern auch, dass er unser unendlich guter Vater ist. Viele Leute glauben, dass Gott neben vielen anderen Eigenschaften auch noch Vater ist. Ich glaube, dass dies ein falsches Licht auf Gott wirft. Zuerst ist er unser Vater, danach hat er die Eigenschaften, dass er allmächtig, allwissend usw. ist.

Wir definieren Gott unter anderem als „der Allmächtige". Als sich Gott aber in 1. Mose 17 Abraham offenbarte, wollte er etwas anderes ausdrücken. Gott ging es nicht primär darum zu offenbaren, dass er allmächtig ist, sondern dass er *im Leben von Abraham allmächtig ist.* Nämlich, dass er in Abrahams Leben allmächtig ist, um ihn zu versorgen, ihn zu beschützen usw. Wenn wir abstrakt vom allmächtigen Gott reden, baut dies oft eine Distanz zu ihm auf. Die Absicht unseres Vaters war jedoch genau das Gegenteil. Er wollte uns offenbaren, dass er, unser Vater, in unserem Leben allmächtig ist und darum jede Macht hat, uns zu versorgen und zu beschützen. Genau so ist es auch mit allen anderen Attributen von Gott. Er ist unser allwissender Vater. Er weiß alles, um uns zu helfen. Er ist unser allgegenwärtiger Vater, er ist immer da, um seinen geliebten Kindern zu helfen. All diese Eigenschaften Gottes sollen uns näher zu ihm bringen, nicht Distanz zu ihm schaffen.

> *Als nun Abram neunundneunzig Jahre alt war, erschien ihm der HERR und sprach zu ihm: Ich bin der allmächtige Gott; wandle vor mir und sei fromm* (1 Mo 17,1).

Jesus lehrte uns, zum Vater zu beten. Zu dem Vater, der allmächtig ist, um uns zu versorgen. Zu dem Vater, dem das Reich, die Kraft und die Herrlichkeit in Ewigkeit gehören. Wir beten nicht primär zu einem allmächtigen Gott – wir beten zu einem Vater, der allmächtig ist. Ich glaube nicht primär an einen allmächtigen Gott – ich glaube an meinen himmlischen Vater, der allmächtig ist. Für unser Leben ist es äußerst entscheidend, wie wir Gott sehen. Von einem Vater, der allmächtig und heilig ist, erwarten wir ganz andere Dinge, als von einem heiligen, allmächtigen Gott.

> *Darum sollt ihr so beten: Unser Vater im Himmel! Dein Name werde geheiligt. Dein Reich komme. Dein Wille geschehe wie im Himmel so auf Erden. Unser tägliches Brot gib uns heute. Und vergib uns unsere Schuld, wie auch wir vergeben unsern Schuldigern. Und führe uns nicht in Versuchung, sondern erlöse uns von dem Bösen. [Denn dein ist das Reich und die Kraft und die Herrlichkeit in Ewigkeit. Amen.]* (Mt 6,9-13).

Das zu verstehen und zu verinnerlichen, formt unser Verständnis von unserer Identität enorm. Plötzlich sind wir nicht nur Arbeitsmaschinen, die einem kalten und lieblosen Gott dienen, sondern

Diamanten, wertvolle Schätze, die als Söhne und Töchter in einer Beziehung zu ihrem liebenden und barmherzigen Vater leben:

> *Jede gute Gabe und jedes vollkommene Geschenk kommt von oben herab, von dem Vater der Lichter, bei dem keine Veränderung ist, noch ein Schatten infolge von Wechsel* (Jak 1,17 SLT).

Gottes Liebe zu dir ist immer auf dem Höhepunkt. Er kann dich nicht mehr lieben, als er dies jetzt gerade tut. Der Satzteil *„bei dem keine Veränderung ist, noch ein Schatten infolge von Wechsel"* kommt daher, dass im Kontext jener Zeit, als dies geschrieben wurde, Sonnenuhren gebraucht wurden, um die Zeit darzustellen. Der einzige Moment, als es keinen Schatten auf der Sonnenuhr gab, war, als die Sonne ihren Zenit, also ihren Höhepunkt erreicht hatte. Bei Gott gibt es keinen Schatten. Seine Stimmung und seine Liebe zu uns sind also immer auf dem Höhepunkt, weil wir seine geliebten Kinder sind![1]

> *Bittet, so wird euch gegeben; suchet, so werdet ihr finden; klopfet an, so wird euch aufgetan. Denn wer da bittet, der empfängt; und wer da sucht, der findet; und wer da anklopft, dem wird aufgetan. Wer ist unter euch Menschen, der seinem Sohn, wenn er ihn bittet um Brot, einen Stein biete? Oder, wenn er ihn bittet um einen Fisch, eine Schlange biete? Wenn nun ihr, die ihr doch böse seid, dennoch euren Kindern gute Gaben geben könnt, wie viel mehr wird euer Vater im Himmel Gutes geben denen, die ihn bitten!* (Mt 7,7-11).

Als Kind in einer Beziehung zu solch einem Vater zu leben, verändert dein ganzes Leben. Es verändert auch dein Verständnis deiner eigenen Identität! Was dich wirklich auszeichnet, ist die Tatsache, dass er dein Vater ist. Ein Teil von ihm ist in dir. Du trägst eine göttliche DNA in dir. Ich bin überzeugt, dass Gott sich selbst liebt, da er ja die Liebe ist. Wenn ein Teil von ihm in dir ist, ist es keine

---

[1] Predigt von Reinhard Bonnke „Faith and Fire" von der Jesus Culture Konferenz in Los Angeles 2013, http://jesusculture.com/videos/125929-faith-and-fire-with-reinhard-bonnke/

Frage, ob er dich liebt. Gott liebt es, mit dir zusammen zu sein. Er liebt es, Gemeinschaft mit dir zu haben. Egal, wann und wie oft du mit ihm zusammen bist, du störst ihn nie, du erfreust ihn. Wenn dein himmlischer Vater dich sieht, hat er ein Lachen auf seinen Lippen. Er ist stolz auf dich.

Ich war in einem Fußballverein und meine Eltern besuchten ab und zu ein Fußballspiel von mir. Jedes Mal, wenn ich mein Können unter Beweis stellte, musste sich meine Mutter beherrschen, dass sie nicht über das ganze Spielfeld rief: „Das ist mein Sohn!" Ich glaube, Gott geht es genau so. Er ist unendlich stolz auf uns. Unser Vater schämt sich nicht, dass wir seine Kinder sind; er ist stolz darauf.

Manchmal denken wir, dass wir von Gott nur toleriert werden. Das stimmt aber nicht. Wir werden von Gott nicht toleriert, sondern zelebriert. Von Gott zelebriert zu werden bedeutet, dass er uns feiert. Wenn er uns sieht, lässt er uns nicht einfach einige Jahre weiter am Leben, sondern dann bricht er in Jubel aus und feiert uns!

Lieblingstochter, Lieblingssohn

Wenn ich behaupte, ich sei Gottes Lieblingssohn, mag dich das schockieren. Trotzdem ist es wahr.

Wenn 100 Filme in deinem Regal stehen und ich dich frage, welcher dein Lieblingsfilm ist, wirst du dich wahrscheinlich nicht für *einen* entscheiden können. Du wirst mir rund fünf heraussuchen, die du alle liebst. Bei Gott verhält es sich noch viel extremer. Er hat nicht nur fünf Lieblingsfilme – er hat *nur* Lieblingsfilme. Alle seine Söhne und Töchter sind Gottes Lieblingskinder – also sind du und ich je eines davon.

Dies bringt eine neue Freiheit in dein Leben. Wenn du verstehst, dass du sein Lieblingskind bist, bist du dir sicher, dass du Gunst bei ihm hast, dass er dich liebt, dass du seine Aufmerksamkeit hast und dass du bitten kannst und es dir gegeben wird:

> *Was ihr mich bitten werdet in meinem Namen, das will ich tun* (Joh 14,14).

Die Waisenmentalität

Wenn wir nicht verstehen, dass Gott unser guter Vater ist, leben wir wie Waisen. Dies bedeutet, dass wir gemäß der Vorstellung leben, dass wir nicht genug haben und dass wir um alles kämpfen müssen, um zu überleben. Warum? Weil wir glauben, dass wir keinen guten Vater haben, der sich um uns kümmert und für uns sorgt. Wir können nicht großzügig sein, weil wir Angst haben, dass wir nicht genug haben. Wir suchen uns Liebe auf alle erdenklichen Weisen, weil wir nicht verstehen, dass wir bereits bedingungslos geliebt sind.

Der Waisengeist kann nur solange über uns herrschen, bis wir eine Begegnung mit dem liebenden und guten Vater haben. Die Güte unseres guten Vaters wird uns zur Umkehr führen (vgl. Röm 2,4). Das Leben ist ermüdend und freudlos, wenn wir uns nicht sicher sein können, dass wir einen liebenden, allmächtigen und guten Vater haben, der uns versorgt. Was mir in meinem Leben wirklichen Halt gibt, ist die bedingungslose Liebe meines himmlischen Vaters. Wenn ich mir dessen aber nicht sicher bin, weil ich eine Waisenmentalität habe, wird mein Leben „zur Hölle". Bin ich mir aber umgekehrt bewusst, dass sich mein himmlischer Vater um alles sorgt, kann ich schon hier und jetzt den Himmel erleben (Mt 6,10).

> *Alle eure Sorgen werft auf ihn; denn er sorgt für euch* (1. Petr 5,7).

Die Waisenmentalität raubt dir das Leben, das dir der himmlische Vater verheißen hat (Joh 10,10). Wenn du dir nicht sicher bist, dass du einen guten Vater hast, dessen bedingungslose Liebe dich in allen Lebensumständen halten wird, hast du keine Sicherheit im Leben. Nur dein himmlischer Vater kann dir Sicherheit geben.

> *Furcht ist nicht in der Liebe, sondern die vollkommene Liebe treibt die Furcht aus; denn die Furcht rechnet mit Strafe. Wer sich aber fürchtet, der ist nicht vollkommen in der Liebe* (1 Joh 4,18).

Anwendung

1. Frage den Heiligen Geist, was dich daran hindern könnte zu glauben, dass du bedingungslos geliebt bist.

   ____

2. Was auch immer du aufgeschrieben hast, ist eine Lüge, weil dich nichts von der Liebe Gottes trennen kann (vgl. Röm 8,38-39).
3. Nimm die Liebe Gottes als festes Fundament für dein Leben! Bitte den Heiligen Geist, dich ganz neu die Liebe des Vaters erfahren zu lassen.
4. Bitte den Heiligen Geist, dir mögliche Unterschiede zwischen deinem irdischen und deinem himmlischen Vater zu zeigen.
5. Danke für die Liebe, die du von deinem irdischen Vater erfahren hast, und vergib ihm, wo du keine Liebe erlebt hast.

Deklaration

Sprich laut über dich aus:

„Ich bin ein bedingungslos geliebtes Kind Gottes. Mein himmlischer Vater liebt mich, und er liebt es, mich zu segnen“.

KAPITEL 3

Das Beste

Unser himmlischer Vater macht keine Fehler. Er tut auch nichts, mit dem er nicht zu 100 Prozent zufrieden ist. Er ist perfekt, und alles, was er kreiert, ist sehr gut. Als Gott den Menschen erschuf, bewertete er ihn als sehr gut (vgl. 1 Mo 1,31)! Es war das Beste, was Gott erschaffen konnte.

Die Tatsache, dass du so bist, wie du bist, sagt mir, dass du das Beste bist, was Gott erschaffen konnte. Wenn Gott etwas Besseres hätte kreieren können als dich, hätte er es getan. Gott macht nichts, mit dem er nicht zu 100 Prozent zufrieden ist. Gott konnte dich nicht besser machen, als so, wie du bist. Wenn er es gekonnt hätte, hätte er es gemacht.

Als Kind wollte ich einen Hund zeichnen. Ich nahm Farbstifte und ein Papier und begann ohne Vorlage das Tier zu zeichnen. Was dabei herauskam, hatte mehr Ähnlichkeit mit einem Pferd als mit einem Hund. Wir alle kennen das. Wenn wir etwas kreieren wollen, gelingt uns das nicht immer so, wie wir uns das wünschen. Wir stoßen oftmals an unsere Grenzen und können Dinge nicht so umsetzen, wie wir sie uns vorgestellt haben. Gott ist aber nicht so. Er hat von dir geträumt, bevor du geboren wurdest (vgl. Eph 1,4-5). Er malte sich seine Traummenschen aus und gestaltete sie genauso, wie er sie als perfekt erachtete. Gott hatte keine Probleme, seine Träume in die Realität umzusetzen. Was dabei entstand, bist du und bin ich. Wir sind genau so, wie Gott sich uns gewünscht hat. Er konnte sich nichts Besseres vorstellen als dich. Wenn er sich etwas Besseres vorstellen könnte, wärst du nicht so, wie du bist.

Vielleicht denkst du, dass du äußerlich nicht schön oder innerlich nicht gut gelungen bist. Das sind Lügen. Gott wollte dich genau so, wie du bist. Wenn er dich anders gewollt hätte, hätte er dich anders geschaffen. Die Tatsache, dass du so bist, wie du bist, sagt mir erstens, dass er dich so wollte, und zweitens, dass du wirklich gut bist, wie du bist!

Ein Traum Gottes

Du bist ein Traum Gottes. Gott hat von dir geträumt, bevor du entstanden bist! Du bist kein Zufallsprodukt – Gott hat sich Zeit genommen, um über dich nachzudenken und dich so zu „planen", dass du wunderbar geschaffen bist (vgl. Ps 139).

In Epheser 1,4-5 schreibt Paulus Folgendes: *„Denn in ihm [Jesus] hat er uns erwählt, ehe der Welt Grund gelegt war, dass wir heilig und untadelig vor ihm sein sollten; in seiner Liebe hat er uns dazu vorherbestimmt, seine Kinder zu sein durch Jesus Christus nach dem Wohlgefallen seines Willens."*

Für mich ist das einer der stärksten Aussagen der ganzen Bibel! Gott hat von mir geträumt, bevor die Welt entstanden ist! Bevor ich existierte, war ich ein Traum im Herzen Gottes.

Ich bin überzeugt, dass Gott es kaum erwarten konnte, bis ich zur Welt kam (ich hatte zehn Tage Verspätung). Er hat mich erwählt, sein Sohn zu sein, noch bevor er die Welt erschaffen hat. Danach musste er eine „halbe Ewigkeit" warten, bis sich sein Traum durch meine Geburt auf dieser Welt manifestierte.

Zudem hat er mich dazu bestimmt, heilig und gerecht zu sein. Er hatte Wohlgefallen daran, also unaussprechliche Freude, dass ich sein Kind werden würde! Und all dies überlegte er sich, noch bevor ich entstand! Wie könnte er mir jetzt, da ich auf der Welt bin, nicht seine ganze Aufmerksamkeit und Liebe zuwenden? Wo er sich doch so sehr auf mich gefreut hat und so lange auf mich gewartet hat!

Ich bin überzeugt, Gott hat sich richtig viel überlegt, als er dich und mich geschaffen hat. Er hat von uns geträumt. Er hat sich seine „Traummenschen“ vorgestellt. Und was dabei herauskam, sind du und ich! Nachdem er sein Meisterwerk erschaffen hatte, konnte Gott es kaum erwarten, seinen Traum auf der Erde Realität werden zu lassen.

In meiner Zeit als Konstrukteur „erschuf“ ich Stanzwerkzeuge. Ich habe mein Bestes gegeben, mir für ein Werkzeug alle möglichen Varianten zu überlegen. Schließlich wählte ich die aus meiner Sicht beste Version. Sobald ich jeweils meine Pläne fertiggestellt hatte, wurden sie der Werkstatt übergeben und ich konnte es dann kaum erwarten, das fertige Produkt in Händen zu halten. Ich habe nie etwas kreiert, mit dem ich nur halb zufrieden war. Und wenn das Produkt endlich fertiggestellt war, sah es sogar immer noch besser aus, als ich es mir gedacht hatte. Voller Stolz betrachtete ich es und freute mich über das Neuentstandene.

So ähnlich mag es Gott ergangen sein. Seine Pläne waren faszinierend – er konnte es kaum erwarten, bis du Wirklichkeit wurdest. Er ist unglaublich stolz auf dich. Du bist das Beste, was sich Gott vorstellen und erschaffen konnte!

Ein Geschenk an sich selbst

Hast du dir schon einmal selbst einen Herzenswunsch erfüllt? Hast du dir schon einmal etwas gekauft, mit dem du komplett „happy“ warst? Zum Beispiel ein Geschenk zum Geburtstag? Das Schöne daran ist, dass du dir genau das kaufen kannst, was du dir wirklich wünschst. Genau das hat Gott auch gemacht. Er hat sich selbst ein Geschenk gemacht, das haargenau seinen Wünschen und Träumen entsprach … Das Geschenk, das er sich selbst gemacht hat, bist du!

Gott hätte sich auch irgendetwas anderes schenken können. Er hätte sich Roboter bauen können, die immer genau das tun, was er möchte. Er hätte sich auch lauter Albert Einsteins erschaffen können, doch das wollte er nicht. Er hat dich geschaffen, so wie du bist, weil du genau seinen Herzenswünschen entsprichst. Du bist genau das Geschenk, das er sich selbst schenkte. Du machst ihn „happy" – genauso wie du bist!

> *Denn der HERR, dein Gott, ist bei dir, ein starker Heiland. Er wird sich über dich freuen und dir freundlich sein, er wird dir vergeben in seiner Liebe und wird über dich mit Jauchzen fröhlich sein* (Zef 3,17).

Ein Kunstwerk

Da wir ein Traum sind, den sich Gott verwirklicht hat, sind wir auch ein Kunstwerk. Ein Kunstwerk, dessen Künstler der himmlische Vater ist. Und dieser Künstler macht keine Fehler. Ja, er macht nicht einmal etwas, das nicht zu 100 Prozent gut ist.

> *Wie schön sind deine Tritte in den Schuhen, Fürstentochter! Die Biegungen deiner Hüften sind wie ein Halsgeschmeide, ein Werk von Künstlerhand* (Hohelied 7,1 ELB).

In Epheser 2,10 schreibt Paulus davon, dass wir Gottes Werk sind. Was hier mit „Werk" übersetzt wird, heißt auf Griechisch „poiema". Wenn du Englisch sprichst, kennst du das Wort „poem" (das bedeutet Gedicht). Man kann dieses Wort an dieser Stelle also auch mit „Gedicht" übersetzen. So bekommt die Aussage eine noch viel tiefere Bedeutung: Wir sind das Beste, was Gott zu bieten hat, ein Gedicht für die Zeit, in der wir leben. In uns hat er sein Herz zum Ausdruck gebracht. Wir sind das Ergebnis der Kreativität Gottes. Wir sind ein Kunstwerk, das besser nicht sein könnte! Bevor er dich auf diese Erde setzte, hat er dich wunderbar komponiert – bis ins feinste Detail. Vor deiner Geburt verging kein Tag, ohne dass Gott sich darauf freute, dich auf der Erde leben zu lassen.

> *Und doch, Herr, bist du unser Vater. Wir sind der Ton, du bist der Töpfer und wir sind das Werk deiner Hand* (Jes 64,7 NLB).

Gott kann uns so schaffen, wie er es will. Aus diesem Grund bist du so, wie du bist. So wie du aussiehst und wie du bist, ist die Entscheidung von Gott. Er hat entschieden, wie er dich schaffen wollte, und hat dich so gemacht. (Gott ist nicht dumm und macht etwas, was ihm nicht gefällt.)

Ein Töpfer formt mit seinen Händen den Ton ganz bewusst, wie er es sich vorstellt. Der Töpfer steckt seine Kreativität und sein Können in den Ton. Er weiß genau, was er schaffen will. Es ist nicht so, dass er einfach mal etwas macht, das er nicht geplant hat oder mit dem er nicht zufrieden ist. So war es auch bei uns. Gott hat uns mit seinen Händen geformt und uns bewusst so geschaffen, wie er sich uns gewünscht hat.

> *Da formte Gott, der Herr, aus der Erde den Menschen und blies ihm den Atem des Lebens in die Nase. So wurde der Mensch lebendig.* (1. Mo 2,7 NLB).

Das Wort, das hier mit „formte" übersetzt wird, bedeutet im Hebräischen auch „töpfern". Schon ganz am Anfang der Bibel lesen wir also, dass Gott beim Menschen nicht einfach „pfuschte", sondern ihn formte und töpferte – wow! Der Gedanke, dass Gott sich bei meiner Erschaffung wirklich alles bis ins Detail überlegt hat, lässt mich verrückt werden.

> *Ehe ich dich im Mutterleib bildete, habe ich dich ersehen , und bevor du aus dem Mutterschoß hervorkamst, habe ich dich geheiligt; zum Propheten für die Völker habe ich dich bestimmt*! (Jer 1,5 SLT).

Es ist eine faustdicke Lüge, dass wir aus Zufall so sind, wie wir sind. Es ist nicht wahr, dass wir ohne Absicht und ohne Bestimmung leben. Der himmlische Vater hat dich bewusst geschaffen und dir eine Bestimmung gegeben, die nur du ausleben kannst, weil nur du so bist, wie du bist. Es gibt dich nicht ein zweites Mal. Du bist einzigartig. Aus diesem Grund kannst nur du der Welt geben, was alleine du ihr geben kannst. Das macht dich zu etwas Speziellem, etwas sehr Kostbarem. Du bist der perfekte Mann oder die perfekte

Frau, um das auszuleben, wofür Gott dich geschaffen hat. Du bist maßgeschneidert für den Auftrag, den Gott dir gegeben hat.

Wenn wir uns bewusst sind, dass wir aus einem bestimmten Grund so sind, wie wir sind und dass wir genau diejenigen sind, die Gott sich gewünscht hat, erhöht sich unser Selbstwert enorm. Wir können uns über uns selbst freuen. In der heutigen Zeit, in der wir sehr viel Zeit und Energie in die Optimierung unseres Äußeren investieren, ist es enorm wichtig zu wissen, wer wir wirklich sind und warum wir so sind, wie wir sind. Diese Erkenntnis löst uns von jeder Minderwertigkeit. Ich bin davon überzeugt, dass wir nicht besser oder schöner sein können, als uns Gott geschaffen hat. Wenn wir besser sein könnten, hätte er uns besser gemacht. Schlussendlich verherrlicht diese Tatsache nicht mich, sondern den, der mich geschaffen hat – meinen himmlischen Vater!

> *Ich danke dir dafür, dass ich wunderbar gemacht bin; wunderbar sind deine Werke; das erkennt meine Seele. Es war dir mein Gebein nicht verborgen, / als ich im Verborgenen gemacht wurde, als ich gebildet wurde unten in der Erde. Deine Augen sahen mich, als ich noch nicht bereitet war, und alle Tage waren in dein Buch geschrieben, die noch werden sollten und von denen keiner da war* (Ps 139, 14-16).

Dein Wert

Der effektive Wert einer Sache wird damit definiert, was jemand für diese Sache bezahlen würde. Wenn du ein Haus besitzt, dessen objektiver Wert auf zwei Millionen geschätzt wird, aber dir niemand mehr als eine Million dafür zahlen würde, beträgt der effektive Wert deines Hauses nicht zwei Millionen, sondern eine Million. Umgekehrt gilt dasselbe. Wenn du ein Haus besitzt, dessen objektiver Wert auf eine Million geschätzt wurde, dir aber jemand zwei Millionen geben würde, ist der effektive Wert des Hauses für den Käufer zwei Millionen.

> *Wieviel hat Gott gegeben, um dich zu erretten? Er hat seinen einzigen Sohn dafür hingegeben. Denn also hat Gott die Welt geliebt, dass er seinen eingeborenen Sohn gab, damit alle, die an ihn glauben, nicht verloren werden, sondern das ewige Leben haben* (Joh 3,16).

Wenn Gott also seinen einzigen Sohn für dich hingegeben hat, musst du ihm sehr viel wert sein. Um genau zu sein: Du bist ihm so viel wert, wie sein einziger Sohn. Dein Wert wird dadurch definiert, dass Gott alles hingegeben hat, um dich für immer bei sich zu haben. Er hat lieber Jesus hingegeben und sterben lassen, als dass er eine Ewigkeit ohne dich verbringen wollte. Du bist ihm enorm viel wert! Viel mehr, als du dir jemals ausmalen könntest.

Es kommt noch besser! Dein himmlischer Vater hat nicht nur alles gegeben, um dich zu retten, sondern er hat sich auch entschieden, dass sein Geist in dir wohnen soll. Gott hätte überall wohnen können. Er hätte sich Paläste bauen können aus purem Gold. Er hätte an den schönsten Orten, am Ufer der wunderbarsten Seen wohnen können, doch das wollte er nicht. Er wünschte sich dich als seine Wohnung. Wenn Gott überall hätte wohnen können und sich alles hätte bauen können und dennoch dich als seine Wohnung wählt, dann hat das etwas zu bedeuten.

> *Oder wisst ihr nicht, dass euer Leib ein Tempel des Heiligen Geistes ist* (1 Kor 6,19a).

Dein himmlischer Vater liebt es, mit dir zusammen zu sein. Er liebt deine Gegenwart. Aus diesem Grund hat er beschlossen, dass du seine Wohnung sein sollst.

Wenn ich davon schreibe, dass wir das Beste sind, was Gott erschaffen konnte, ignoriere ich die Tatsache nicht, dass z. B. Kinder mit Behinderungen geboren werden oder dass es Personen gibt, die an Krankheiten leiden. Vielmehr geht es mir darum aufzuzeigen, dass jeder von uns von Gott geliebt, geplant und gewünscht ist. Bei Krankheiten und Behinderungen weigere ich mich zu glauben, dass das der Plan Gottes für unser Leben ist, und bete, wie uns Jesus aufgetragen hat: „Wie im Himmel so auf Erden" (Mt 6,10) – denn im Himmel gibt es keine Krankheiten.

Anwendung

1. Was löst es in dir aus zu wissen, dass du das Beste bist, das Gott erschaffen konnte?

   ____

2. Bitte Gott dir zu zeigen, wie sehr er sich über dich freut.

   ____

3. Frage deinen himmlischen Vater, was er an dir liebt?

   ____

Deklaration

Sprich laut über dich aus:

„Ich bin das Beste, das Gott erschaffen konnte."

„Mein himmlischer Vater hat mich genial gemacht."

KAPITEL 4

Du bist ein Königskind

Ein ganz wesentlicher Aspekt deiner Identität ist deine königliche Familienzugehörigkeit. Deine Tage als Bettler sind vorbei, seit du Jesus als deinen Retter angenommen hast. Als du das getan hast, wurdest du in die königliche Familie aufgenommen.

> *Ihr aber seid das auserwählte Geschlecht, die königliche Priesterschaft, das heilige Volk, das Volk des Eigentums, dass ihr verkündigen sollt die Wohltaten dessen, der euch berufen hat von der Finsternis zu seinem wunderbaren Licht* (1 Petr 2,9).

… wir gehören zu Gottes königlicher Familie:

> *Ihr seid jetzt also nicht länger Fremde ohne Bürgerrecht, sondern seid – zusammen mit allen anderen, die zu seinem heiligen Volk gehören – Bürger des Himmels; ihr gehört zu Gottes Haus, zu Gottes Familie* (Eph 1,19).

Königskind zu sein, bedeutet anders zu denken. Vor allem heißt es, sich nicht sorgen zu müssen und zu wissen, dass der himmlische Vater immer eine Lösung hat, egal wie groß das Problem ist. Königskind zu sein, bedeutet nicht primär viel Geld zu haben, sondern zu wissen, dass dein himmlischer Vater dein Versorger ist und es dir an nichts mangeln wird, und zu wissen, dass du bereits gesegnet bist mit jedem himmlischen Segen (vgl. Eph 1,3) und dass es deinem Vater wohlgefallen hat, dir das Königreich zu geben (vgl. Lk 12,32).

Als Königskind lebe ich mit einer anderen Perspektive auf das Leben: Als Sohn wurde mir schon alles gegeben, denn was meinem Vater gehört, gehört auch mir. Ein Bettler oder ein Waisenkind denkt im Gegensatz dazu, dass es sich alles zuerst noch erkämpfen oder erarbeiten muss.

> *Fürchte dich nicht, du kleine Herde! Denn es hat eurem Vater wohlgefallen, euch das Reich zu geben* (Lk 12,32).

Uns wurde das Königreich gegeben. Das hast du dir nicht verdient, sondern es gehört dir, weil du sein Kind bist. Als Sohn und Tochter kannst du aus dem heraus leben, was dir bereits gegeben ist, und musst nicht dafür arbeiten, dass dir etwas gegeben wird.

Dort, wo wir mit dieser Sicht leben, sind wir befähigt, die Probleme der Welt zu lösen, weil wir verstehen, dass der Himmel für alles eine Lösung bereithält. Wir lösen die Probleme der Welt nicht, indem wir uns noch ein Bisschen mehr anstrengen, sondern dann, wenn wir unsere königliche Identität verstehen und davon überzeugt sind, dass uns alles gegeben ist und dass wir jetzt alles haben, was wir brauchen, um den Problemen der Welt entgegenzutreten.

Mit der Überzeugung zu leben, dass deinem Vater alles gehört und er dich liebt, wird für dich nicht alle Probleme aus dem Weg räumen, aber du hast jetzt für jedes Problem eine Lösung. Königskind zu sein heißt nicht, dass immer alles so läuft, wie du es dir wünschst. Aber es heißt, dass du in all dem Freude haben kannst, weil du weißt, dass es eine Lösung gibt. Auch Paulus war ein Königskind, jedoch lief nicht immer alles so, wie es ihm genehm oder von ihm erwünscht war (vgl. 2. Kor 6,10).

Königskinder richten ihren Fokus nicht auf sich selbst. Sie haben das Königreich nicht primär für sich selbst erhalten, sondern um anderen damit zu dienen. Königskind zu sein sollte uns nicht egoistisch oder egozentrisch, sondern Jesus gleich machen. Er kam, um sein Leben für uns zu geben. Wenn wir verstehen, dass uns als

Königskinder alles gegeben ist, wird uns das Freude bereiten. Im nächsten Moment werden wir aber erkennen, dass wir all das empfangen haben, um unseren Nächsten zu dienen und sie zu lieben. Ja, uns gehört alles, was Gott gehört. Ja, uns wurde das Reich gegeben. Das ist schön und das dürfen wir genießen. Aber wenn wir es nur für uns behalten, haben wir vermutlich immer noch nicht richtig verstanden, was uns alles gegeben wurde und wer wir wirklich sind, sonst könnten wir nicht anders, als das, was wir haben, den Leuten um uns weiterzugeben.

Nicht dein Arbeitgeber, sondern dein himmlischer Vater ist dein Versorger. Dein Arbeitgeber ist lediglich ein Kanal, über den dich Gott versorgt. Das zu verstehen, hilft dir zu glauben, dass auch bei deinen Finanzen nichts unmöglich ist. Wenn dein Arbeitgeber dein Versorger wäre, hättest du sehr kleine Ressourcen, um das auszuleben, wozu Gott dich berufen hat. Wenn aber dein himmlischer Vater dein Versorger ist, hast du alle Ressourcen, um auszuleben, wozu er dich berufen hat!

Was bewirkt es in uns, wenn wir uns nicht mehr um unsere Existenz sorgen müssen? Wir können dann beginnen, in himmlischer Freude zu leben und uns um unsere Mitmenschen zu kümmern bzw. sie zu versorgen. Ein König sorgt sich nicht um seine Existenz; seine Stellung befähigt ihn, sich um seine Staatsbürger zu sorgen. Lebensanschauungen, die sich darauf gründen, dass man sich in erster Linie um sich selbst sorgt und kümmert, resultieren aus einer Waisenidentität. Wenn wir uns nämlich bewusst sind, dass unser Vater der König der Könige ist (vgl. Off 19,16), sind wir frei, andere zu versorgen, und brauchen uns nicht mehr länger mit unseren Problemen zu beschäftigen und uns um unsere Existenz zu sorgen.

> *Und legt alle eure Sorgen bei ihm ab, denn er sorgt für euch* (1 Petr 5,7).

> *Wer ist unter euch Menschen, der seinem Sohn, wenn er ihn bittet um Brot, einen Stein biete? Oder, wenn er ihn bittet um einen Fisch, eine Schlange biete? Wenn nun ihr, die ihr doch böse seid, dennoch euren Kindern gute Gaben geben könnt, wie viel mehr wird euer Vater im Himmel Gutes geben denen, die ihn bitten!* (Mt 7,9-11).

> *Denn ich kenne ja die Gedanken, die ich über euch denke, spricht der HERR, Gedanken des Friedens und nicht zum Unheil, um euch Zukunft und Hoffnung zu gewähren* (Jer 29,11 ELB).

Jemand mit einer Königskind-Identität weiß, wie wichtig er bzw. sie ist und dass der himmlische Vater gerne seine Herzenswünsche erfüllt. Ich persönlich liebe Uhren. Gott hat mich schon oft mit Uhren beschenkt und ich liebe das. Es zeigt mir immer wieder, wie gut er ist und wie wichtig ich ihm bin. Dies wiederum befähigt mich, andere Menschen mit dem Segen, den Gott mir geschenkt hat, zu segnen.

Als Königskind darfst du dich schön anziehen. Du darfst dir auch einen schönen Wagen kaufen … Deine Kleider oder dein Wagen machen dich aber nicht zu einem Königskind. Auch ohne schöne Kleider und ohne schönen Wagen bist du ein Königskind. Wenn du verstehst, dass deinem Vater das ganze Universum gehört, musst du doch niemandem mehr etwas beweisen! Du kannst komplett zufrieden und sicher sein alleine im Wissen, dass du ein geliebtes Königskind bist.

Ich glaube nicht, dass unser materieller Reichtum etwas darüber aussagt, wie reif wir als Christen sind. Ich glaube aber auch nicht, dass wir als reife Christen arm sein müssen.

Wenn du dir bewusst bist, dass du eine königliche Identität hast, wirst du immer mehr so leben wie ein König. Du wirst großzügig sein, weil du weißt, dass deinem Vater alles gehört.

Ich hörte einmal eine Geschichte von Alexander dem Großen, der mit seinem Berater durch die Straßen ging. Als er auf einen Bettler traf, gab er ihm Goldmünzen. Daraufhin fragte ihn der Berater:

„Warum hast du diesem Bettler Goldmünzen gegeben? Kupfermünzen hätten doch für diesen Bettler ausgereicht?!" Der König erwiderte: „Kupfermünzen zu geben, entspricht der Art von Bettlern, aber Goldmünzen zu geben, entspricht der Art von Königen".

Als Königskind gibst du nicht gemäß der Not deines Nächsten, sondern gemäß deiner Identität. Weil du königlich bist, gibst und handelst du aus dem Überfluss – königlich-großzügig. Großzügigkeit ist eine Frucht deiner Identität und deines Gottesbilds. Wenn du glaubst, dass du ein Königskind bist, kannst du gar nicht mehr anders, als großzügig zu sein …

Unsere Identität gibt uns Autorität. Schon von Beginn an sind wir berufen worden zu herrschen (vgl. 1. Mo 1,28). Als Königskind haben wir Autorität und sind berufen, diese Autorität in Liebe auszuleben – nicht gegenüber Menschen, sondern gegenüber Umständen, Mächten und Gewalten. Wenn wir verstehen, dass königliches Blut in unseren Adern fließt, verstehen wir, dass uns Autorität gegeben worden ist. Wie könnten wir nicht für Kranke beten, wenn wir erkennen, dass uns Autorität gegeben wurde, Krankheiten zu heilen? Wenn wir verstehen, wer wir sind, werden Unmöglichkeiten zu Möglichkeiten. Wir sind Königskinder und uns wurde das Königreich gegeben (vgl. Lk 12,32). Wenn wir das in unseren Herzen erkennen, beginnen wir unsere wahre Autorität auszuleben und zu sehen, wie das Unmögliche möglich wird.

So sind wir nun Botschafter für Christus (2 Kor 5,20a).

Als Königskinder sind wir Botschafter von Christus selbst. Als Botschafter ist uns jede Autorität übertragen worden. Wir werden diese Autorität erst ausleben, wenn wir verstehen, wer wir wirklich sind: geliebte Königskinder. Nicht weil wir die Autorität vorher nicht hatten, sondern weil wir vorher nicht wussten, dass wir sie hatten.

Anwendung

1. Siehst du dich selbst als wertvolle, königliche Person?
2. Falls nicht, frage den Heiligen Geist, was dich daran hindert, dich als Königskind zu sehen?

___

3. Und nun frage den Heiligen Geist, wie Gott dich sieht.

___

Deklaration

Sprich laut über dich aus:

„Ich bin ein wertvolles Königskind."

„Mein Vater sorgt für mich, sodass ich mich nicht sorgen muss."

Kapitel 5

Du hast Gunst bei Gott

Gunst ist deine Lebensgrundlage

Die Grundlage unseres Lebens im neuen Bund ist Gnade bzw. Gunst:

> *Durch ihn haben wir freien Zugang zu der Gnade bekommen, die jetzt die Grundlage unseres Lebens ist, und im Glauben nehmen wir das auch in Anspruch …* (Röm 5,2 NGÜ).

Das griechische Wort für Gnade ist „charis". Das Wort bedeutet nicht nur Gnade, sondern auch Gunst. Die Grundlage unseres neuen Lebens ist also Gnade, also auch Gunst. Neben Gnade und Gunst bedeutet das Wort auch: Vergnügen, Freude, Süße, Charme, Lieblichkeit, guten Willen, liebende Güte, begünstigen, barmherzige Güte.

Gunst ist also Wohlwollen, eine freundliche, gnädige Gesinnung einem anderen Menschen gegenüber. Genau wie im Griechischen beinhaltet das hebräische Wort für Gnade auch Gunst. Das hebräische Wort ist: „chen" – es bedeutet Gunst, Gnade und Charme.

Manchmal haben wir das Gefühl, dass Gunst etwas Spezielles ist. Natürlich ist es das auch, aber gleichzeitig ist Gunst für uns frei zugänglich: Gunst ist nicht etwas Spezielles oder ein Extra in unserem Leben. Gunst ist das Fundament. Gunst ist etwas Alltägliches in unserem Leben. Unser Leben ist auf Gunst gebaut. Gott behandelt uns nach seiner Güte, nicht nach unserem Verdienst – das ist Gunst.

Im Alten Testament war Gunst die Ausnahme. Nur wenige Personen im Alten Testament fanden Gunst in den Augen Gottes. Noah zum Beispiel fand Gunst in Gottes Augen und auch Mose (vgl. 1 Mo 6,8 und 2 Mo 33,12). Im Neuen Testament dagegen ist Gunst die Regel (vgl. Röm 5,2). Gunst ist das Fundament im neuen Bund.

Gunst befähigt dich, in seiner Gegenwart zu sein

Gunst hat viele Facetten. Diejenige, die für mich am meisten herausragt, ist die Facette seiner Gegenwart. Gunst öffnet uns nämlich den Weg zurück in die Gegenwart Gottes. Durch Gunst können wir wie Ester vor den König treten:

> *Alle Bediensteten des Königs und alle Bewohner der Provinzen kennen das unumstößliche Gesetz: ‚Jeder, ob Mann oder Frau, wird hingerichtet, wenn er unaufgefordert zum König in den innersten Hof des Palasts geht. Er hat sein Leben nur dann nicht verwirkt, wenn ihm der König das goldene Zepter entgegenstreckt.' Mich hat der König sogar schon dreißig Tage nicht mehr zu sich rufen lassen* (Ester 4,11 HFA).

> *Als er Esther im Hof stehen sah, freute er sich und streckte ihr das goldene Zepter entgegen. Da kam Esther auf ihn zu und berührte die Spitze des Zepters* (Ester 5,2 HFA).

Ester fand Gunst in den Augen des Königs. Genauso hat jeder Einzelne von uns Gunst in Gottes Augen gefunden, sobald er sein Leben Jesus übergeben hat und im neuen Bund mit Gott lebt (vgl. Röm 5,2). Gunst zeichnet sich dadurch aus, dass du jederzeit „in das Büro deines Chefs" eintreten kannst. Bei einem Vorgesetzten, der dir gegenüber distanziert ist, kannst du nicht nach Belieben in sein Büro spazieren. Wenn du aber Gunst bei ihm hast, bist du jederzeit wollkommen. Genau so ist es bei uns. Wir sind jederzeit willkommen in der Gegenwart Gottes.

> *Wir haben jetzt also, liebe Geschwister, einen freien und ungehinderten Zugang zu Gottes Heiligtum; Jesus hat ihn uns durch sein Blut eröffnet* (Hebr 10,19 NGÜ).

Gottes Gegenwart und sein Angesicht zu sehen ist unsere Gunst. Da es nicht Besseres gibt als Gott selbst, ist der Zugang zu ihm die größte Gunst, die er uns erweisen kann.

Gunst

In unserer Kultur bedeuten Geburtstage sehr viel. Jedes Jahr an meinem Geburtstag behandeln mich Menschen anders als sonst. Sie sind freundlicher und gratulieren mir, sie schenken mir Sachen, die ich mag, und wünschen mir alles Gute. Sie investieren etwas, damit ich mich gut und geliebt fühle. Sie setzten alles daran, damit ich einen wunderbaren Tag verbringen kann. Genau aus diesem Grund liebe ich meinen Geburtstag! Auch Melanie, meine Frau liebt Geburtstage. Sie ging als Kind sogar manchmal zum Kiosk und behauptete, sie hätte Geburtstag, damit sie Süßigkeiten von der Verkäuferin erhielt.

An meinem letzten Geburtstag sagte mir der Heilige Geist: „Ich behandle dich jeden Tag so, als wäre es dein Geburtstag!" An meinem Geburtstag lebe ich in einer ständigen Vorfreude auf alle schönen Geschenke und Überraschungen. Genau so können wir als Christ jeden Tag voller Vorfreude auf die tollen Geschenke und Überraschungen leben, mit denen uns Gott täglich beschenkt.

> *Gnadenbeweise des Herrn sind's, dass wir nicht gänzlich aufgerieben wurden, denn seine Barmherzigkeit ist nicht zu Ende; sie ist jeden Morgen neu, und deine Treue ist groß!* (Klagelieder 3:22-23 SLT).

Unser himmlischer Vater ist jeden Tag überaus gut zu uns. Er beschenkt und segnet uns jeden Tag. Er setzt jeden Tag alles daran, dass wir einen wunderbaren Tag genießen können! An deinem

Geburtstag erhältst du Geschenke, dir du dir nicht verdient hast, und du hast Gunst bei den Leuten.

Du fragst dich jetzt vielleicht, warum du dann immer noch krank bist? Nur weil wir krank sind und noch nicht geheilt wurden, heißt das nicht, dass Gott nicht gut zu uns ist. Ich glaube, dass es immer Gottes Wille ist, dass wir geheilt werden. Warum das nicht immer so geschieht, weiß ich nicht. Aber ich weiß, dass uns letzten Endes alles zum Besten dienen wird. Obwohl Krankheit nicht Gottes Wille für unser Leben ist, wird sie uns schließlich zum Besten dienen müssen (vgl. Röm 8,28). Wenn ich mit dieser Sicht auf mein Leben schaue, habe ich kein Problem zu glauben, dass Gott wirklich gut ist und das Beste für uns will.

> *Durch ihn (Jesus) haben wir freien Zugang zu der Gnade (Gunst) bekommen, die jetzt die Grundlage unseres Lebens ist, und im Glauben nehmen wir das auch in Anspruch* (Röm 5,2a).

Gott behandelt dich nicht so, wie du es verdient hast, sondern seinem Wesen gemäß, so wie er selbst ist. Er behandelt dich nicht gut, weil du gut bist oder etwas Gutes getan hast, sondern weil er gut ist. Sein Wesen ist Liebe und er ist endlos gut. Genauso behandelt er dich: endlos gut!

> *Danket dem Gott aller Götter, denn seine Güte währet ewiglich* (Ps 136,2).

Egal wie gut wir uns unseren himmlischen Vater vorstellen – er ist noch besser! „Er ging an Mose vorüber und rief: Ich bin der Herr! ‚Ich bin da' ist mein Name! Ich bin ein Gott voll Liebe und Erbarmen. Ich habe Geduld, meine Güte und Treue sind grenzenlos" (2 Mo 34,6 GNB).

Gottes Güte und Treue sind ohne Grenzen. Unser himmlischer Vater ist immer gut und in guter Stimmung. Nichts kann dies ändern. Ich erinnere mich daran, wenn ich als Kind an meinem Geburtstag etwas angestellt hatte, wurde ich anders behandelt, als wenn ich an einem anderen Tag etwas anstellte. Irgendwie hatte ich an meinem Geburtstag besondere Gunst in den Augen meiner Lehrer und meiner Eltern. Bei Gott ist es genau so. Nur behandelt er uns jeden Tag, als ob wir Geburtstag hätten, denn seine Güte leitet uns zur Umkehr (vgl. Röm 2,4).

Seitdem ich in diesem Bewusstsein lebe, dass Gott immer gut zu mir ist und ich Gunst bei ihm habe, hat sich mein Leben drastisch verändert. Ich bin überzeugt, dass ich nicht um seine Aufmerksamkeit kämpfen muss, da er sich bereits für mich und meine Herzenswünsche interessiert. Ich muss ihn nicht anflehen, dass er ein Wunder tun soll, denn er will eins tun! Er *kann* nicht nur eingreifen, sondern er *will* eingreifen – zu meinen Gunsten.

Anwendung

1. Was hindert dich, jeden Tag das Beste von Gott zu erwarten?

   ____

2. Räume es weg, indem du die Wahrheit aussprichst (Ps 20,5).
3. Erwarte jeden Tag ein Geschenk von Gott.
4. Erwarte, dass dich Gott jeden Tag so behandelt, als ob du Geburtstag hättest.
5. Sei dir bewusst, dass er sich jedes Mal, wenn du mit ihm Zeit verbringst, enorm freut.

Deklaration

Sprich laut über dich aus:

„Gott behandelt mich jeden Tag so, als hätte ich Geburtstag. Ich erwarte, dass Gott mehr Gutes tut, als ich erbitten oder mir vorstellen kann."

„Mein Vater gibt mir, was mein Herz begehrt und lässt meine Vorhaben gelingen" (Ps 20,5).

KAPITEL 6

Leidenschaft

Je länger ich bewusst als geliebter Sohn lebe, desto mehr verstehe ich Folgendes: Gott macht nicht den Weg für uns bereit, sondern er macht uns für den Weg bereit. Dies tut er, weil er ein guter Vater ist, der uns in Liebe erzieht, damit wir zu gesunden Personen werden.

Gott ist immer für uns da, immer bei uns, liebt uns immer, hilft uns immer ... aber er räumt nicht alle Anfechtungen und Schwierigkeiten aus unserem Weg. Warum? Damit wir wachsen können. Unser Vater hat uns das Königreich gegeben (vgl. Lk 12,32). Wir haben alles, was wir brauchen, um den Problemen und Anfechtungen zu begegnen. Wir können diese Realität aber nur erleben, wenn wir Probleme haben, die wir lösen können. Unser himmlischer Vater ist so gut und liebt uns so sehr, dass er uns Wachstum nicht vorenthält. Würde er uns alle Schwierigkeiten aus dem Weg räumen, könnten wir uns nie verändern, würden nie wachsen und nie so werden wie Jesus (vgl. Eph 4,13). Auch könnten wir nie verstehen, dass uns wirklich alles geben wurde (vgl. Eph 1,3 bzw. Lk 12,32).

> *„Haltet es für lauter Freude, meine Brüder, wenn ihr in mancherlei Versuchungen geratet, indem ihr erkennt, dass die Bewährung eures Glaubens Ausharren bewirkt. Das Ausharren aber soll ein vollkommenes Werk haben, damit ihr vollkommen und vollendet seid und in nichts Mangel habt"* (Jak 1,2-4 ELB).

Wir können uns in Anfechtung freuen, weil wir wissen, dass sie dazu dient, uns vollkommen zu machen und dass es uns an nichts mangelt. Als geliebte Söhne und Töchter können wir mehr ertragen, als wir denken. Wir sind mehr als Überwinder (vgl. Röm 8,37). Anfechtungen in unserem Leben haben nichts damit zu tun, dass Gott nicht gut wäre. Es ist unsere Natur, Anfechtungen zu überwinden, denn nur so können wir wachsen. Wir wachsen außerhalb unserer Komfortzone. Ohne Anfechtungen werden wir nie „vollkommen und vollendet" sein. Zu denken, dass immer alles so läuft, wie wir es uns vorstellen, weil Gott uns liebt, ist ein Irrtum.

Gott ist nicht gut, weil er immer tut, was wir wollen. Er tut aber oft, was wir uns wünschen, weil er gut ist (vgl. Ps 20,5). Wie gut wäre Gott wirklich, wenn er immer täte, was wir uns gerade jetzt wünschen?

Es ist nicht Gottes primäres Ziel, uns glücklich zu machen. Das mag dich jetzt etwas erstaunen. Sein Ziel ist nämlich, dass wir unsere Berufung als seine Kinder ausleben. Wenn er uns immer glücklich machen wollte, wären wir schlussendlich nicht glücklich. Manchmal kann er nicht tun, was uns gerade jetzt glücklich machen würde, damit er tun kann, was uns letzten Endes glücklich macht, nämlich vollkommen zu werden und zu werden wie Jesus. Was Gottes Güte wirklich ausmacht, ist, dass er uns letztlich alles zum Besten dienen lässt, nicht, dass er in jeder Situation tut, was wir uns gerade jetzt wünschen und was uns jetzt gerade glücklich macht.

> *Wir wissen aber, dass denen, die Gott lieben, alle Dinge zum Besten dienen, denen, die nach seinem Ratschluss berufen sind* (Röm 8,28).

War Jesus ein geliebter Sohn Gottes? Ja. War Paulus ein geliebter Sohn Gottes? Ja. Aber auch sie gingen durch schwere Zeiten, auch sie erlebten Anfechtung, auch bei ihnen erfüllte Gott nicht jeden Wunsch:

> *Und er ging ein wenig weiter und fiel auf sein Angesicht und betete und sprach: Mein Vater, wenn es möglich ist, so gehe dieser Kelch*

> *an mir vorüber! Doch nicht wie ich will, sondern wie du willst* (Mt 26,39 ELB).

Wie wir alle wissen, ging der Kelch nicht an Jesus vorbei und Jesus wurde gekreuzigt. Auch Paulus erlebte vieles. Er wurde gesteinigt, erlitt Schiffbruch usw. Ich bin mir sicher, dass er in diesen Situationen nicht immer glücklich war, aber schlussendlich konnte er sich freuen, weil es ihm an nichts mangelte und ihm alles zum Besten diente.

> *Sie sind Diener von Christus? Ich bin wahnwitzig genug zu behaupten: Ich noch viel mehr! Ich nahm weit mehr Mühen auf mich als sie, war weit öfter im Gefängnis, wurde ungleich häufiger ausgepeitscht, war wieder und wieder vom Tod bedroht. Von den Juden habe ich fünfmal die »vierzig ´Hiebe` weniger einen« bekommen. Dreimal wurde ich mit der Rute geschlagen, einmal wurde ich gesteinigt, dreimal habe ich einen Schiffbruch erlebt, und einmal trieb ich einen ganzen Tag und eine ganze Nacht auf dem offenen Meer* (2 Kor 11,23-25 NGÜ).

Paulus war ein geliebter Sohn und letztlich diente ihm alles zum Besten. Paulus erlebte solche Dinge und schrieb zum Beispiel im Epheserbrief seine geniale Offenbarung über Sohnschaft (vgl. Eph 1,4-5).

Gott hat kein Interesse daran, uns zu quälen. Er freut sich nicht, wenn wir leiden. Aber er möchte das Beste aus uns herausholen, und das geschieht nur, wenn er nicht alle Anfechtungen aus unserem Weg räumt, sodass wir sie überwinden können. Ich bin mir sicher, dass Gott uns mehr zutraut, als wir uns manchmal selber zutrauen.

> *„Der Geist selbst bezeugt zusammen mit unserem Geist, dass wir Kinder Gottes sind. Wenn aber Kinder, so auch Erben, Erben Gottes und Miterben Christi, wenn wir wirklich mitleiden, damit wir auch mitverherrlicht werden* (Röm 8,16-17 ELB).

Ich finde Apostelgeschichte 5,40-41 eine sehr interessante Bibelstelle:

> *Man rief die Apostel wieder herein, ließ sie auspeitschen und verbot ihnen nochmals, unter Berufung auf den Namen Jesu ´in der Öffentlichkeit` zu reden. Dann ließ man sie gehen. Die Apostel ihrerseits verließen den Hohen Rat voll Freude darüber, dass Gott sie für würdig geachtet hatte, um des Namens Jesu willen Schmach und Schande zu erleiden* (NGÜ).

Zuerst dachte ich, die Apostel hätten etwas falsch verstanden. Ich dachte, sie hätten immer noch eine Waisenmentalität und wüssten nicht, wie gut ihr Vater wirklich ist. Doch dann sprach der Heilige Geist zu mir: „Ist es nicht die Ehre von geliebten Kindern, alles für ihren Vater hinzugeben?" Da dämmerte es mir. Wahre Sohnschaft heißt, alles für deinen Vater hinzugeben, weil du verstanden hast, wie gut er ist und dass auch er alles für dich hingegeben hat (vgl. Joh 3,16).

Es ist wichtig, dass du weißt, dass Gott dich ohne Bedingung liebt, auch wenn du nichts für ihn tust. Wenn du das nicht weißt, wirst du immer aus den falschen Motiven etwas für ihn tun wollen. Die Offenbarung seiner bedingungslosen Liebe sollte uns aber dazu bringen, dass wir von seiner Güte und Liebe so überwältigt sind, dass wir alles für ihn tun würden, auch wenn es weh tut, so wie es Jesus und Paulus getan haben.

Wenn uns die Offenbarung, dass wir bedingungslos geliebte Söhne und Töchter sind, nicht an den Punkt bringt, alles für unseren Vater hinzugeben, haben wir vermutlich noch nicht ganz verstanden, wie sehr er uns wirklich liebt.

Das mag wie ein Widerspruch zum vorigen Kapitel klingen. Es ist aber kein Widerspruch, sondern nur die andere Seite der Medaille. Sohn- und Tochterschaft heißt, geliebt zu sein. Seine Liebe zeigt sich darin, dass er Jesus für dich gegeben hat (vgl. 1 Joh 4,10). Wenn wir verstanden haben, wie sehr er uns liebt, werden wir nicht anders können, als ihn zurückzulieben. Deine Liebe zu deinem Vater zeigt sich darin, dass du alles für ihn hingibst (vgl. Joh 15,13).

Das Problem ist, dass viele nicht verstehen, wie sehr geliebt sie sind, und darum aus den falschen Motiven „für Gott leiden" und „alles hingeben". Sie denken nämlich, sie seien erst geliebt, wenn sie das tun, oder sie denken, sie seien mehr geliebt, wenn sie das tun. Wie wir aber wissen, ist seine Liebe bedingungslos und genau diese bedingungslose Liebe muss zu unserem Fundament werden. Alles Weitere baut dann auf dieser bedingungslosen Liebe unseres himmlischen Vaters auf.

Wenn wir das alles verstanden haben, werden wir Freude in den Anfechtungen haben (vgl. Jak 1,2) und es als Ehre betrachten, als Söhne und Töchter für ihn leiden zu dürfen (vgl. Apg 5,41). Nicht weil wir müssen, sondern weil wir wollen. Nicht damit wir geliebt sind, sondern weil wir verstanden haben, wie sehr wir geliebt sind.

Anwendung

1. Anstatt dich noch mehr anzustrengen, alles für Gott hinzugeben, bitte ihn um eine größere Offenbarung seiner Liebe.
2. Begib dich jeden Tag in die liebenden Arme deines Vaters. Daraus wird eine Leidenschaft in deinem Leben entstehen, alles für ihn hinzugeben.

Deklaration

Sprich laut über dich aus:

„Ich bin ein geliebtes Kind und liebe meinen Vater."

„Mein Vater will immer das Beste für mich" (vgl. Röm 8,28).

Kapitel 7

Gott radikal vertrauen

Die ausschlaggebenden Lügen in unserem Leben sind die über Gott und über uns selbst. Sehr viele Leute haben Mühe, mit Gottes Sicht über ihr Leben übereinzustimmen. Dies beginnt bei Bibelstellen über unsere Gerechtigkeit in Christus, die zwar gelehrt, aber nicht ausgelebt wird, und führt weiter zu den Themen Selbstvertrauen und Berufung. Oft haben wir Mühe, die gesunde Spannung zwischen unseren Emotionen und der Sicht unseres himmlischen Vaters auszuhalten. Wenn wir uns sündig fühlen, weil wir unseren Ehepartner gerade falsch behandelt haben und in diesem Moment daran denken, dass Gott von uns behauptet, dass wir heilig sind (Eph 1,4), löst dies in uns eine Spannung aus. Viele weichen dieser Spannung aus, indem sie „demütig" von sich behaupten, sie seien halt nur Sünder, welche durch Gnade gerettet sind.

Obwohl mit großer Sicherheit in Ephesus noch gesündigt wurde, schrieb Paulus in seinem Brief: *„… an die Heiligen in Ephesus …"* (vgl. Eph 1,1). Obwohl wir manchmal noch sündigen, sind wir dennoch Heilige! Diese Spannung zwischen Gottes Wahrheit und unseren Gefühlen auszuhalten, wird dich wie ein Katapult in ein anderes Leben schleudern. In ein Leben, das sich wirklich zu leben lohnt.

Sein versus Tun

Es geht darum zu verstehen, dass deine Identität nicht davon abhängt, was du *tust*, sondern davon, was du *bist*. Identität ist „Sein", nicht „Tun". Wir *sind* heilig, auch wenn wir einmal nicht heilig *handeln*. Wir arbeiten nicht für Gott, *damit* wir geliebt sind, sondern *weil* wir geliebt sind. Wir arbeiten aus Liebe, nicht für Liebe! Alles was Gott über dich sagt, das bist du. Du bist heilig, auch wenn du dich nicht dementsprechend verhältst. Du bist ein Kind Gottes, auch wenn du nicht danach handelst. Dein Handeln kann nicht das aufheben, was Gott sagt, dass du bist. Das, was du bist, ist eine höhere Realität, als das, was du tust. Aus diesem Grund wird sich dein Tun immer mehr deinem Sein anpassen. Das, was an Identität in deinem Herzen ist, wird durch deine Taten zum Vorschein kommen. Dies gilt im Guten wie auch im Schlechten. Wenn du über dich glaubst, dass du ein Sünder bist, wirst du immer sündigen, egal wie stark du dich bemühst, es nicht zu tun. Wenn du aber glaubst, dass du ein Heiliger bist, werden deine Taten denen von Jesus immer ähnlicher, bis du so handelst wie er (vgl. Eph 4,13)! Dazu schreibe ich mehr im nächsten Kapitel „Gedanken werden Wirklichkeit".

Du hast sicher auch schon die Aussage gehört, dass dich der himmlische Vater „durch Jesus" oder „durch die Brille ‚Jesus'" sieht. Das heißt, dass du eigentlich ein Sünder bist, aber weil Gott dich durch Jesus ansieht, sieht er dich als heilig an. Ich glaube nicht, dass das stimmt. Gott sieht dich nicht durch eine Brille, die Jesus heißt. Wie könnte Gott dann nämlich behaupten, dass wir Heilige sind? Gott sieht auf dein Wesen, auf deine Natur – nicht auf dein Handeln. Wenn in der Bibel steht, dass du heilig bist, meint die Bibel nicht dein Handeln, sondern dein Wesen. Gott sieht unser Wesen, unsere Natur bzw. unser Sein, so wie es ist – nicht durch eine Brille. Aus diesem Grund kann er ohne „Brille" sagen, dass wir heilig und gerecht sind, denn unser Wesen ist heilig und gerecht.

> *Darum: Ist jemand in Christus, so ist er eine neue Kreatur; das Alte ist vergangen, siehe, Neues ist geworden* (2 Kor 5,17).

Als du dein Leben Jesus hingegeben hast, wurde dein Wesen verändert. Aus einem Sünder wurde ein Heiliger. „Auch euch, die ihr einst fremd und feindlich gesinnt wart in bösen Werken, hat er nun versöhnt durch den Tod seines sterblichen Leibes, damit er euch heilig und untadelig und makellos vor sein Angesicht stelle" (vgl. Kol 1,21-22). Die Bibel redet hier nicht primär von deinen Taten, sondern von deinem Wesen. Du bist nun ein Heiliger. Dein Wesen, deine Natur ist nun heilig, untadelig und makellos.

„Denn ihr seid gestorben, und euer Leben ist verborgen mit Christus in Gott" (Kol 3,3). Unser Leben ist mit Christus verborgen in Gott – nicht vor Gott. Wir könnten zur Überzeugung gelangen, dass unsere Sünden vor Gott verborgen seien und er aus diesem Grund sagt, dass wir heilig sind. Doch das stimmt nicht. Gott sieht unsere Sünden und vergibt sie uns. Trotzdem bezeichnet er uns als Heilige, weil unser Wesen heilig ist. Als Heilige können wir immer noch sündigen, aber es ist nicht mehr unsere Natur, dies zu tun.

Wenn Gott uns durch eine Brille betrachten müsste, um zu sagen, dass wir heilig sind, würde dies bedeuten, dass wir so, wie wir sind, Gott nicht genügen. Gott trug im Paradies keine Brille, als er den Menschen als sehr gut bewertete. Da wir nun eine neue Schöpfung sind, kann er uns auch wieder ohne Brille als sehr gut bezeichnen. Unser Wesen ist verändert. Wir sind nicht mehr Sünder, sondern Heilige.

Wir sind heilig und gerecht

Um zu verstehen, was es bedeutet, heilig und gerecht zu sein, hilft es, gewisse Begriffe zu definieren:

Sünde bedeutet Zielverfehlung. Gerechtigkeit bedeutet, mit Gott übereinzustimmen.

Als Sünder war es also unsere Natur, das Ziel zu verfehlen. Als Gerechte ist es unsere Natur, das Ziel zu treffen, weil wir durch den Heiligen Geist in Übereinstimmung mit Gott sind.

> *Denn welche der Geist Gottes treibt, die sind Gottes Kinder* (Röm 8,14).

Heilig zu sein bedeutet, abgesondert oder ausgesondert zu sein für Gott.

Heilig zu sein, bedeutet also, nichts mehr mit der Sünde zu tun zu haben, obwohl wir noch in der gefallenen Schöpfung leben. Wir können all das Falsche nicht tun und das Richtige tun und trotzdem nicht heilig sein. Nämlich dann, wenn wir uns Gott nicht komplett hingegeben haben und somit „heilig sind". Wir haben uns Gott komplett hingegeben, als wir unser Leben ablegten (vgl. Röm 6,6) – das macht uns heilig, nicht unsere guten Taten.

Wenn wir heilig sind, sind wir frei von der Herrschaft der Sünde, weil wir für Gott abgesondert sind. Ein Geschäftsauto ist in gewisser Weise auch „heilig", weil es für den Gebrauch der Firma, der das Auto gehört, abgesondert ist. Genauso stehen wir unter der Herrschaft des Geistes und nicht mehr unter der Herrschaft der Sünde. Wir sind für Gott abgesondert.

> *Der Herr ist der Geist; wo aber der Geist des Herrn ist, da ist Freiheit* (2 Kor 3,17).

„Der Geist ist Herr" bedeutet, dass wir unter der Herrschaft des Geistes sind. Wo er regiert, ist Freiheit. Von was wurden wir also frei? Von der Herrschaft der Sünde.

> *Wir wissen ja, dass unser alter Mensch mit ihm gekreuzigt ist, damit der Leib der Sünde vernichtet werde, sodass wir hinfort der Sünde nicht dienen. Denn wer gestorben ist, der ist frei geworden von der Sünde* (Röm 6,6-7).

Gold liegt normalerweise von viel Dreck umgeben im Boden. Wenn man nun Gold abbaut, nimmt man die Erde und versucht das Gold auszusondern und somit vom Dreck zu trennen. Was am Ende des Prozesses herauskommt, ist im besten Fall reines Gold. Genau das bedeutet es, heilig zu sein. Wir wurden abgesondert von dem Dreck, der uns umgeben hat, und sind nun wie der

Schatz vom Gleichnis in Matthäus 13. Wir wurden von unserem himmlischen Vater erkauft, um abgesondert für ihn zu leben.

In anderen Worten wurden wir aus dem Strom, der ins Verderben führte und das Ziel verfehlt (die Herrschaft der Sünde, vgl. Röm 6) abgesondert in den Strom, der in Übereinstimmung mit dem Herzen Gottes fließt (die Herrschaft des Heiligen Geistes). Das bedeutet es, heilig und gerecht zu sein.

Wir wurden abgesondert (heilig gemacht) von der Zielverfehlung (Sünde) und in die Gerechtigkeit Gottes (Übereinstimmung mit Gott) gebracht.

Wir sind nicht dazu verdammt, auf ewig sündigen zu müssen. Weil unser Wesen sich verändert hat, als wir uns Jesus hingegeben haben, sind wir nun heilig. Dies befähigt uns, auch heilig zu leben. Wir können noch sündigen, aber wir müssen nicht mehr. Dazu schreibe ich mehr im Kapitel „Wiederhergestellt als Original".

Gott liebt dich, auch wenn du dein Leben lang nie etwas für ihn tust! Gott liebt dich, weil du so bist, wie du bist, nicht weil du etwas dafür tust. Gott liebt *dich*, nicht deine Arbeit. Er liebte dich schon, als du ihn noch nicht einmal kanntest und ganz sicher noch nichts für ihn getan hast.

In Lukas 15 lesen wir vom älteren Bruder. Er arbeitete für etwas, das er eigentlich schon lange besaß:

> *Aber der ältere Sohn war auf dem Feld. Und als er nahe zum Hause kam, hörte er Singen und Tanzen und rief zu sich einen der Knechte und fragte, was das wäre. Der aber sagte ihm: Dein Bruder ist gekommen und dein Vater hat das gemästete Kalb geschlachtet, weil er ihn gesund wiederhat. Da wurde er zornig und wollte nicht hineingehen. Da ging sein Vater heraus und bat ihn. Er antwortete aber und sprach zu seinem Vater: Siehe, so viele Jahre diene ich dir und habe dein Gebot noch nie übertreten, und du hast mir nie einen Bock gegeben, dass ich mit meinen Freunden fröhlich gewesen wäre. Nun aber, da dieser dein Sohn gekommen ist, der dein*

> *Hab und Gut mit Huren verprasst hat, hast du ihm das gemästete Kalb geschlachtet. Er aber sprach zu ihm: Mein Sohn, du bist allezeit bei mir und alles, was mein ist, das ist dein. Du solltest aber fröhlich und guten Mutes sein; denn dieser dein Bruder war tot und ist wieder lebendig geworden, er war verloren und ist wiedergefunden* (Lk 15,25-32).

Der jüngere Bruder verprasste sein Erbe. Als er zurückkehrte, freute sich sein Vater überaus. Darüber entsetzte sich sein älterer Bruder enorm. So lange hatte er treu gearbeitet und sich Mühe gegeben. So lange hat er nie ein Gebot seines Vaters übertreten. Der ältere Bruder arbeitete, damit er verdiente, was er schon lange besaß: den Besitz seines Vaters. Er hätte jederzeit ein Fest machen können, weil er bereits hatte, wofür er noch arbeitete.

Leider verhalten wir uns oftmals ebenso in unseren Leben. Wir arbeiten für etwas, was uns schon lange gegeben ist. Zum Beispiel arbeiten wir, um gerecht zu werden, obwohl uns die Gerechtigkeit von Gott geschenkt ist. Oder wir arbeiten, um heilig zu werden, obwohl Gott uns schon längst heilig gemacht hat. Genau aus diesem Grund sehen wir in unserem Leben oftmals keine Ergebnisse, denn wenn du für etwas arbeitest, das dir schon gegeben ist, wirst du nie erhalten, wofür du arbeitest, weil es dir eben schon gegeben ist.

Menschen arbeiten, um heilig und gerecht zu werden:

> *Durch seinen Tod hat euch Christus mit Gott versöhnt. Jetzt steht ihr ohne Sünde und ohne jeden Makel vor Gott* (Kol 1,22 HFA).

Menschen arbeiten, um geliebt zu sein:

> *Und Gottes Liebe zu uns ist daran sichtbar geworden, dass Gott seinen einzigen Sohn in die Welt gesandt hat, um uns durch ihn das Leben zu geben* (1 Joh 4,9 NGÜ).

Menschen arbeiten, um Gott nahe zu sein:

> *Ihr seid jetzt also nicht länger Fremde ohne Bürgerrecht, sondern seid – zusammen mit allen anderen, die zu seinem heiligen Volk gehören– Bürger des Himmels; ihr gehört zu Gottes Haus, zu Gottes Familie* (Eph 2,19 NGÜ).

Menschen arbeiten, um Sieger zu sein:

„Gott aber sei Dank! Weil wir mit Christus verbunden sind, lässt er uns immer in seinem Triumphzug mitziehen" (2 Kor 2,14 NGÜ).

Menschen arbeiten, um gesegnet zu werden:

> *Gepriesen sei Gott, der Vater unseres Herrn Jesus Christus! Gepriesen sei er für die Fülle des geistlichen Segens, an der wir in der himmlischen Welt durch Christus Anteil bekommen haben* (Eph 1,3 NGÜ).

Wir sind nicht mehr Sünder und somit nicht mehr dieselben, wie vor unserem Leben mit Jesus.

> *Aber ihr seid anders, denn ihr seid ein auserwähltes Volk. Ihr seid eine königliche Priesterschaft, Gottes heiliges Volk, sein persönliches Eigentum. So seid ihr ein lebendiges Beispiel für die Güte Gottes, denn er hat euch aus der Finsternis in sein wunderbares Licht gerufen* (1 Petr 2,9 NLB).

Solange wir für Ergebnisse arbeiten, die uns bereits gegeben sind, werden wir nie glücklich sein. Denn wir werden nie bekommen, wofür wir arbeiten – wir haben es schließlich bereits erhalten. Stattdessen sollten wir erforschen, was uns bereits gegeben ist – und annehmen wozu uns Christus gemacht hat und wer wir *sind.*

Ich glaube, wir sollten uns in ein Abenteuer stürzen und Gott radikal glauben, was er uns in der Bibel sagt. Egal, wie verkehrt es sich anfühlen mag. Ja, deine Emotionen werden dir vielleicht manchmal etwas anderes sagen, als das Wort Gottes dir sagt, aber das macht gar nichts. Du bist nämlich kein „Fühler", sondern ein „Gläubiger". Es geht nicht primär um deine Gefühle, sondern darum zu glauben, was Gott über dich sagt. Paulus sagt es so: „*… und nehmen jeden Gedanken gefangen unter den Gehorsam Christi*" (2 Kor 10,5b ELB). Alle Gedanken, die nicht mit Gottes Gedanken übereinstimmen, sollen wir gefangen nehmen.

Frei zum Leben

Paulus schreibt an die Galater. Merklich verzweifelt macht er ihnen etwas klar: Gerechtigkeit kommt nicht aus dem Gesetz bzw. den Werken, sondern allein durch Jesus Christus.

> *Ich gehöre nicht zu denen, die die Gnade Gottes gering achten. Denn wenn wir durch das Gesetz gerettet werden könnten, hätte Christus nicht sterben müssen* (Gal 2,21 NLB).

Eigentlich ganz einfach …

Diese Wahrheit befreit uns, von uns wegzuschauen, auf Gott und auf unsere Berufung. Wenn unsere Gerechtigkeit nicht aus unseren Werken kommt, müssen wir auch nicht ständig überprüfen, ob wir gerecht handeln und leben. Wir können unseren Blick von uns abwenden und damit aufhören, uns selbst zu beurteilen, und dem Heiligen Geist vertrauen, dass er uns aufzeigt, was er verändern möchte. Das bringt Freiheit! Alles was wir wissen müssen, ist die Meinung von unserem himmlischen Vater über uns. Und er sagt, dass wir heilig sind. Dies befähigt uns, von uns wegzuschauen auf ihn. Wenn wir ihn im Blick behalten, sehen wir unser Vorbild und wissen, wie wir uns verhalten sollen. Jesus tat nur, was er den Vater tun sah. Das bedeutet, er hat auf den Vater geschaut, nicht auf sich selbst. Genau so sollen wir unterwegs sein.

Ich habe mich schon einige Male intensiv mit mir selbst beschäftigt, meine Motive und mein Handeln unter die Lupe genommen – ohne Erfolg. Ich war jedes Mal entmutigt! Wenn wir lange genug in unserem Innern graben, werden wir immer eine Wurzel finden, die noch nicht gut genug ist … Wie gut also, dass wir unseren Blick von uns abwenden dürfen, weil wir wissen, dass die Gerechtigkeit sowieso nicht aus uns selbst kommt! Wir können radikal Gott vertrauen und aufhören, uns selbst zu inspizieren. Wir können seiner Meinung über uns vertrauen.

In meiner Karriere als Fußballer, die ihr Ende schon in meinem 14. Lebensjahr fand, habe ich eines bemerkt: Solange ich auf mich selbst und den Ball vor meinen Füßen schaue, bin ich nicht frei, das Spiel im Blick zu haben und somit in den richtigen Momenten das Richtige zu tun. Die wirklich guten Fußballer sind nicht mit sich selbst beschäftigt, sondern konzentrieren sich auf das Spiel.

Wir sind frei, weil wir uns nicht länger mit uns selbst beschäftigen müssen. Wenn wir verstehen, dass unsere Gerechtigkeit nicht aus uns selbst, sondern von Jesus kommt, können wir unseren Blick von uns weg auf das Spiel des Lebens richten …

> *Durch das Gesetz werde ich verurteilt, weil ich es nicht erfüllen kann. Ich aber bin mit Christus gekreuzigt, sodass ich jetzt nicht mehr unter dem Gesetz stehe, sondern für Gott lebe* (Gal 2,19 NLB).

Wenn wir der Sicht unseres himmlischen Vaters mehr vertrauen als unserer, befähigt uns das, frei zu leben. Zudem müssen wir nicht mehr auf uns schauen, sondern können auf ihn schauen und dadurch unser Leben viel einfacher leben …

Nicht zurückschauen

Unsere Vergangenheit hat keinen Einfluss auf unsere himmlische Identität. Du wirst nicht von deiner Vergangenheit definiert, sondern von deinem himmlischen Vater. Deine Vergangenheit ist entweder eine Gefängniszelle, die dich gefangen hält, oder ein Sprungbrett, dass dich befähigt – du kannst selbst entscheiden. Wenn du bereust, was du getan hast und dich von deinem Handeln in der Vergangenheit bestimmen lässt, ist deine Vergangenheit eine Gefängniszelle. Wenn du aus deinen Fehlern lernst und Gott vertraust, dass er dir alles zum Besten dienen lässt, ist es ein

Sprungbrett. Statt unsere Fehler zu bereuen, sollten wir besser daraus lernen. Wir sollen unsere Fehler nicht gutheißen, wir dürfen uns unser Leben aber auch nicht rauben lassen, dadurch dass wir nicht aufhören unsere Fehler zu bereuen.

Satan versucht uns durch unsere Vergangenheit anzuklagen. Er versucht uns klar zu machen, dass sich unsere Identität aus unseren Fehlern und unseren Unzulänglichkeiten zusammensetzt. Wenn wir lange genug an unsere Misserfolge und unsere Sünden der Vergangenheit zurückdenken, bestimmen sie unser Leben. Wir haben das Gefühl, wir seien Versager oder wir seien Sünder. Doch eigentlich gibt es keinen Grund, auch nur einen Tag oder eine Minute an unser Versagen zurückzudenken. Es hilft uns nicht, wenn wir immerzu Dinge bereuen, die wir getan haben.

> *Darum: Ist jemand in Christus, so ist er eine neue Kreatur; das Alte ist vergangen, siehe, Neues ist geworden* (2 Kor 5,17).

> *Eins aber sage ich: Ich vergesse, was dahinten ist, und strecke mich aus nach dem, was da vorne ist* (Phil 3,13b).

Satan kann dich nur für Vergangenes anklagen. Er kann dich nicht für deine Zukunft anklagen. Wenn wir also nur noch nach vorne schauen (Phil 3,13), nehmen wir Satan alles weg, wofür er uns anklagen kann. Zurückschauen hilft dir nicht, auch wenn du nur eine Minute in deine Vergangenheit blickst. Die Blickrichtung eines Gläubigen sollte immer nach vorne gerichtet sein, auf das, was Gott mit dir tun wird.

Anmerkung: Zurückschauen auf das, was Gott Gutes getan hat, ist eigentlich auch nach vorne zu schauen, denn das, was Gott einmal getan hat, will und wird er wieder tun. Daher ist es gut, über das nachzudenken, was Gott Gutes getan hat, ohne jedoch dabei stehen zu bleiben. Denn wie Kris Vallotton einmal sagte: „Wenn unsere Erinnerungen größer sind als unsere Träume, sind wir eigentlich schon gestorben.“

Anwendung

1. Bitte den Heiligen Geist, dir konkret aufzuzeigen, wo du noch Lügen über dich selbst glaubst.

   ____

2. Bitte den Heiligen Geist, dir die Wahrheit über dich selbst zu offenbaren.

   ____

Deklaration

Sprich laut über dich aus:

„Ich bin heilig und gerecht. Ich bin zu 100 Prozent geliebt. Was Gott über mich sagt, macht mich aus".

Kapitel 8

Gedanken werden Wirklichkeit

Der Grund, weshalb wir radikal glauben sollen, was Gott über uns sagt, ist ein ganz simpler:

> Achte auf deine Gedanken,
> denn sie werden zu Worten.
>
> Achte auf deine Worte,
> denn sie werden zu Handlungen.
>
> Achte auf deine Handlungen,
> denn sie werden zu Gewohnheiten.
>
> Achte auf deine Gewohnheiten,
> denn sie werden dein Charakter.
>
> Achte auf deinen Charakter,
> denn er wird dein Schicksal.[1]

So wie jemand in seinem Herzen denkt, so ist er (vgl. Spr 23,7).

So wie wir in unserem Herzen denken, so sind wir. Um dies zu veranschaulichen, nehme ich als Beispiel das Thema Finanzen. Ob du großzügig bist oder nicht, hat nichts mit deinem Einkommen zu tun, sondern mit deiner Identität. Wenn deine Identität diejenige eines Bettlers ist, kannst du Unmengen an Geld verdienen und trotzdem immer Angst haben, dass du nicht genug hast, und wirst aus diesem Grund nicht großzügig sein. Wenn deine Identität

---

[1] Talmud (ein bedeutendes Schriftwerk im Judentum).

aber die eines Königskindes ist, kannst du wenig verdienen und trotzdem großzügig sein, weil du weißt, dass dein himmlischer Vater für dich sorgt. Du gehst so mit deinen Finanzen um, wie es deiner Identität entspricht. Viele Leute denken, wenn sie mehr Geld hätten, könnten sie großzügiger sein. Das stimmt aber nicht. Großzügigkeit hat nichts mit deinem Einkommen zu tun, sondern vielmehr mit deiner Identität. Wenn du eine Bettler-Identität hast, wirst du immer denken, dass du nicht genug hast, auch wenn du Millionen verdienst. Umgekehrt gilt dasselbe. Wenn du eine Königskind-Identität hast, wirst du großzügig sein, auch wenn du wenig verdienst. Wie du mit Finanzen umgehst, sagt also nichts darüber aus, wie viel du verdienst, sondern welche Identität und welche Gedanken in deinem Herzen sind. Letztendlich wirst du so leben, wie du dich selbst siehst: entweder als Bettler oder als Königskind.

Hast du dir schon einmal überlegt, weshalb so viele Lottomillionäre innerhalb kurzer Zeit finanziell wieder am selben Punkt stehen wie zuvor oder manchmal sogar ganz verarmen? Was in deinem Herzen ist, wird früher oder später zum Vorschein kommen. Wenn du eine Bettlermentalität hast, wird das früher oder später zum Vorschein kommen, auch wenn du Millionen gewonnen hast.

Wir denken vielleicht, wir seien demütig, wenn wir uns selbst „erniedrigen" und unseren Emotionen und unserer Selbsteinschätzung mehr vertrauen, als Gottes Sicht über uns. Was wir jedoch in Wirklichkeit tun, ist Folgendes: Wir lassen uns von Satan berauben. Wir lassen uns nicht nur unserer Identität, sondern auch unserer Berufung und unserer Träume berauben, denn diese sind ein Resultat unserer Identität. Wenn wir falsch über uns denken, werden wir nie erreichen, wofür wir geschaffen worden sind.

Wenn Gott über uns sagt, dass wir heilig und gerecht sind, bleibt das auch bestehen, wenn wir gerade gesündigt haben. Gott hat eine höhere Perspektive und er hat immer Recht! Diese höhere Perspektive über uns bekommen wir, wenn wir biblische Wahrheiten über uns denken und über uns aussprechen. Wenn du beginnst, Gottes Wahrheiten zu denken und sie auszusprechen, wird sich deine göttliche Identität festigen. Wir sind stolz, nicht demütig, wenn wir unserer Sicht mehr trauen als Gottes Sicht! Denn wann immer wir unsere Identität aus den Augen verlieren, wird es für uns unmöglich, das zu erreichen, was er für uns vorgesehen hat.

Wenn wir denken, wir dürften uns nicht als heilig betrachten, nur weil wir ab und an in eine Sünde zurückfallen, nehmen wir uns selber die Chance, heilig zu leben. Ein heiliger Lebensstil ist ein Ergebnis deiner Identität, nicht deiner Anstrengung! Wenn du verstehst, wer du bist, wirst du verstehen, warum es dich gibt. Was immer an Identität in deinem Herzen ist, wird in deinen Werken zum Vorschein kommen.

Satan klagt uns an und lässt uns Lügen über uns selbst glauben: Wir seien nicht heilig, nicht gerecht, nicht gut genug und nicht geliebt. Wenn wir diesen Lügen glauben, werden wir uns immer schämen und uns nicht gut genug fühlen, um in unsere Berufung zu treten. Wenn wir zulassen, dass wir aus Scham nicht in unsere Berufung treten, hat Satan sein Ziel erreicht.

In 1. Johannes 2,1 steht, dass wir nicht mehr sündigen sollen:

> *Meine Kinder, dies schreibe ich euch, damit ihr nicht sündigt; und wenn* (treffender wäre an dieser Stelle: falls) *jemand sündigt, so haben wir einen Fürsprecher bei dem Vater; Jesus Christus, der gerecht ist* (Einschub durch den Autor).

Wir sind berufen, nicht mehr zu sündigen, da unser neuer Mensch nicht mehr sündig ist. Falls wir nun doch noch sündigen sollten – was jedoch nicht die Regel und schon gar nicht unser Wesen ist –, haben wir einen Fürsprecher: Jesus Christus. Genau in solch einem Fall befähigt uns Gnade, trotzdem in unserer Berufung zu leben. Durch Jesus, unseren Fürsprecher, wird nämlich die Anklage von Satan zunichte gemacht!

Folgendes habe ich gelernt: Wenn du von dir denkst, dass du ein Betrüger bist, wirst du immer betrügen. Wenn du glaubst, dass du ein Sünder bist, wirst du immer sündigen. Wenn du jedoch glaubst, dass du heilig und gerecht bist, wirst du immer mehr danach leben. Was in dir ist, gibst du weiter, denn du kannst nur weitergeben, was du in dir trägst!

Wenn du von dir denkst, dass du ein Versager bist, wirst du immer versagen – wenn du jedoch glaubst, dass du ein Sieger bist, wirst du immer mehr Schlachten in deinem Leben gewinnen!

Wir haben das Gefühl, dass wir übernatürlich handeln müssen. Wir müssen für Leute beten, und wenn sie geheilt werden, haben wir den Beweis, dass wir übernatürlich leben. Wie wäre es damit: Du glaubst der Wahrheit und du denkst über dich, dass du übernatürlich bist, weil der Himmel deine Heimat ist.

> *Er hat uns mitauferweckt* [mit Jesus] *und mitsitzen lassen in der Himmelswelt in Christus Jesus* (Eph 2,6 ELB; Einschub durch den Autor).

Dadurch nimmst du den Stress weg und befreist dich von der Anklage, zu wenig Wunder zu wirken. Du handelst nicht übernatürlich – du *bist* übernatürlich. Alle Wunder sind ein Ergebnis deines Seins. Jesus hat nie Wunder gewirkt, um den Leuten etwas zu beweisen – er hat Wunder gewirkt, weil es seine Natur ist.

Dein Name

Im Alten Testament hat Gott oft Namen geändert. Zum Beispiel nannte er Abram später Abraham und Jakob wurde zu Israel. Jakob bedeutet „Betrüger" und Israel „Kämpfer Gottes". Gott vergibt ganz bewusst Namen wie bei Josua. Ihn nannte Gott so, weil er wusste, dass er die Ermutigung, die in seinem Namen steckt, gebrauchen würde. Josua bedeutet nämlich „der Herr, dein Retter" und „der Herr, mein Heil". Namen definieren in der hebräischen

Kultur die Identität des Menschen: So wie du heißt, bist du. Abraham und Sara konnten erst Kinder bekommen, nachdem Gott ihre Namen und damit ihre Identität geändert hatte. (Abram bedeutet: „Der Vater ist erhaben." Abraham bedeutet: „Vater von Vielen".) Sie brachten aus ihrem Leben das hervor, was ihre Identität war.

Wenn also jemandes Identität geändert wird, bestimmt dies fortan sein ganzes Leben. Aus diesem Grund ist es enorm wichtig und entscheidend, wie wir von uns selber denken. Gottes Gedanken über uns sollten wir deshalb wie einen Schatz in unserem Herzen bewahren!

Wie bereits gesagt bedeutet der Name Josua: „der Herr, mein Retter" oder „der Herr, mein Heil". Die Bedeutung seines Namens entsprach der Wahrheit über den israelitischen Führer und seinen Gott. Und diese wurde täglich über Josuas Leben ausgesprochen. Dementsprechend veränderten sich sein Herz und sein Denken. Als er später beim Auskundschaften des verheißenen Landes Menschen groß wie Riesen zu Gesicht bekam, wurden sein Denken und Handeln von dieser inneren Überzeugung geleitet, die durch das Aussprechen seines Namens entstanden war. Josua war überzeugt, dass sein Gott sie retten und sie dieses Land unbeschadet einnehmen lassen würde. Diese Wahrheit befähigte ihn, als Leiter einer Nation das verheißene Land zu erobern, als die Zeit dafür reif war!

Ich glaube, dass Gott auch heute noch Personen Namen gibt, um ihre Identität zu formen. Ich habe dies selbst erlebt. In einer Zeit, in der ich nicht wirklich viel von mir hielt, gab mir Gott den Namen „Josua". Er erklärte mir, dass ich jemand sei, der eine Generation in das verheißene Land führe, jemand, der Nationen verändere. Ich konnte kaum glauben, was ich da hörte. Trotzdem bewahrte ich diesen Schatz in meinem Herzen. Ich informierte mich über die Person von Josua, zog Parallelen zu meinem Leben und identifizierte mich mit ihm.

Was danach in meinem Herzen entstand, ist ein gesundes Selbstbild von mir, das immer mehr mit der Perspektive Gottes übereinstimmte. Ich merke, dass ich mehr Lebensfreude und Lebenskraft entwickle, je mehr ich mit Gottes Gedanken übereinstimme. Dies führt dazu, dass ich mehr und mehr umsetze, wofür er mich geschaffen hat. Es ist eine riesige Aufwärtsspirale, die kaum gebremst werden kann. Es kann aber auch geschehen, dass diese Spirale nach unten dreht, wenn wir Lügen über uns glauben. Deshalb ist es wichtig, immer wieder auszusprechen, was Gott über uns denkt und was er von uns und zu uns sagt.

Ich habe mir wichtige Bibelverse, Aussagen und prophetische Worte notiert, sodass ich sie immer wieder nachlesen kann! Das hilft mir, richtig über mich zu denken und die Wahrheit über mich auszusprechen!

Das Denken erneuern

Wir Menschen denken ca. 60 000 Gedanken pro Tag, das bedeutet ca. 2500 pro Stunde und 104 pro Minute. Wir denken also sehr viel! Unsere Aufgabe ist es daher, richtig zu denken. Richtige Gedanken über uns selbst sind eine mächtige Waffe in unserem Leben. Jedoch gilt leider auch das Gegenteil: Falsche Gedanken können sehr viel zerstören in unserem Leben. Wir müssen unsere Gedanken erneuern, um so zu denken, wie Gott es tut:

> *Und stellt euch nicht dieser Welt gleich,* ***sondern ändert euch durch Erneuerung eures Sinnes,*** *damit ihr prüfen könnt, was Gottes Wille ist, nämlich das Gute und Wohlgefällige und Vollkommene* (Röm 12,2).

Durch die „Erneuerung unseres Sinnes", also indem wir unser Denken erneuern, verändern wir uns. Wir verändern uns nicht, indem wir uns noch mehr anstrengen, sondern indem unsere Gedanken mit den Gedanken Gottes übereinstimmen.

Wir müssen unsere Gedanken erneuern, also beginnen, in Übereinstimmung mit Gott zu denken, wenn wir erreichen wollen, wozu uns Gott geschaffen hat. Denn unsere Gedanken werden zu Taten. Mit unserem Denken legen wir die Richtung fest, in der wir handeln. Wenn wir in Übereinstimmung mit Gott denken, werden wir mehr und mehr in Übereinstimmung mit ihm handeln.

Bei diesem Prozess hilft uns der Heilige Geist. Er zeigt uns die Gedanken des Vaters auf und wird uns in alle Wahrheit führen (vgl. Joh 16,13). Durch ihn, den Heiligen Geist, haben wir den Sinn Christi und können so denken, wie der himmlische Vater denkt (vgl. 1 Kor 2,18). Je mehr wir dies zu nutzen wissen, desto mehr werden wir befähigt, so zu leben, wie es der himmlische Vater für uns geplant hat. Deine Gedanken bestimmen dein Handeln. Was in deinem Herzen ist, wird sich in deinen Taten zeigen. Aus diesem Grund ist es wichtig, dass wir die richtigen Gedanken über uns in unserem Herzen tragen.

Du bist zu wunderbar, um zu sündigen

Wenn wir verstehen, dass wir viel zu wunderbar geschaffen sind, um zu sündigen (das Ziel zu verfehlen), werden wir wirklich befähigt, heilig zu leben. Dem geht aber voraus, dass wir verstehen, wie wunderbar wir sind. Wir sind heilig, makellos und wunderbar. Warum sollten wir nun noch sündigen? Sündigen ist ein Verhalten, das weit unter deinem Niveau liegt. Du bist heilig, das ist dein Standard. Heilig zu leben ist dein „Normal". Ja, vielleicht verlässt du aus Versehen mal dein „Normal" und begehst eine Sünde. Das verändert aber nicht dein „Normal", also deine Natur, welche heilig ist.

Wenn auf deiner Identitätskarte (ID) steht, dass du Schweizer bzw. Schweizerin bist, ändert sich das nicht, auch wenn du ins Ausland gehst. Auch im Ausland bist du Schweizer/in. Genauso ist es bei unserer himmlischen Identität. Auf deinem himmlischen Ausweis steht, dass du ein Heiliger bist, das ist deine Identität. Wenn du einmal in die Sünde abrutschst, ändert das nichts an deiner Identität als Heiliger. Je mehr du verstehst, dass du ein Heiliger bist, desto weniger wirst du „Ausrutscher" haben. Und wenn du einen Ausrutscher hast, weißt du, was deine Identität ist: Heilig. Also kannst du dorthin zurückkehren.

Du musst dir nichts beweisen

Hattest du auch schon einmal das Gefühl, dir etwas beweisen zu müssen? Zum Beispiel, dass durch dich Zeichen und Wunder geschehen oder dass durch dich Leute geheilt werden? Früher hatte ich das oft.

Einige Wochen bevor ich dieses Buch zu schreiben begann, erinnerte mich der Heilige Geist daran, dass die Katholische Kirche Leute heiligspricht, wenn nachgewiesen werden kann, dass sie ein Wunder vollbracht haben. Dabei geht es darum, durch den Nachweis gewisser Taten zu zeigen, dass diese Leute heilig sind. Durch Werke darauf zu schließen, wer wir sind, ist absolut nicht biblisch und nicht die Art des Königreiches Gottes. Im Königreich Gottes geht es um deine Identität, also darum, wer du *bist*. Und wer du bist wird sich schließlich darauf auswirken, was du *tust*.

Weil du heilig bist, ohne dies beweisen zu müssen, wird als Frucht ein heiliges Verhalten entstehen, worin Zeichen und Wunder eingeschlossen sind:

> *Und diese Zeichen werden die begleiten, die glauben: Sie werden in meinem Namen Dämonen austreiben und sie werden neue Sprachen sprechen. Sie werden Schlangen anfassen oder etwas Tödliches trinken können, und es wird ihnen nicht schaden. Sie werden Kranken die Hände auflegen und sie heilen* (Mk 16, 17-18 NLB).

Als wir noch Sünder waren (vgl. Röm 5,8) hätten wir noch so viele gute Taten vollbringen können, wären dadurch aber nicht heilig geworden. Ein Sünder warst du nicht, weil du gesündigt hast, sondern weil es deine Identität war. Genauso ist es aber auch jetzt, da wir Heilige sind:

> *... doch nun hat er euch wieder zu seinen Freunden gemacht. Durch seinen Tod am Kreuz in menschlicher Gestalt hat er euch mit sich versöhnt, um euch wieder in die Gegenwart Gottes zurückzuholen und euch heilig und makellos vor sich hinzustellen* (Kol 1,22 NLB).

Zu beweisen, dass man heilig ist, oder dass durch einen Wunder geschehen, ist keine gute Idee. Vielmehr geht es darum zu glauben, zu wem dich Jesus gemacht hat. Wenn du das glaubst, werden wunderbare Dinge als Frucht aus deiner himmlischen Identität entstehen. Wir leben im Glauben darauf, dass wir sind, wer Gott sagt, dass wir sind, und nicht im Schauen auf unsere Taten:

> *Denn wir leben im Glauben und nicht im Schauen* (2 Kor 5,7 NLB).

In Johannes 11 steht die Geschichte von Lazarus und Jesus. Lazarus war krank und man ließ Jesus rufen, dass er ihn heilte. Statt unverzüglich zu Lazarus zu gehen, wartete Jesus drei ganze Tage. Unterdessen starb Lazarus und die Aufregung der Angehörigen war groß!

Als Jesus dann endlich kam, sagte er zu der Schwester des Verstorbenen Folgendes:

> *Jesus spricht zu ihr:* ***Ich bin die Auferstehung und das Leben.*** *Wer an mich glaubt, wird leben, auch wenn er stirbt* (Joh 11,25 SLT).

In dieser Situation musste sich Jesus nicht beweisen, dass er Tote zum Leben auferwecken kann. Er wusste es. Er war sich bewusst, wer er wirklich war. Er kannte seine himmlische Identität. Weil er die Auferstehung und das Leben ist, ist es normal, dass Tote durch ihn wieder zum Leben auferstehen. Jesus musste sich nichts beweisen. Dass Lazarus wieder zum Leben auferstand, war eine Frucht der Identität Jesu.

> *... denn wie er (Jesus) ist, so sind auch wir in dieser Welt* (1 Joh 4,17b).

So wie Jesus ist, sind wir in dieser Welt. Wir müssen nicht krampfhaft versuchen zu werden wie Jesus, wir sind es. Wenn wir verstehen, dass wir es schon sind, werden unsere Taten immer mehr den Taten von Jesus gleichen. Wir sind im Ebenbild Gottes geschaffen. Je mehr wir das verinnerlichen, desto mehr werden unsere Taten und unser Verhalten mit Gottes Verhalten übereinstimmen. Mehr dazu schreibe ich im nächsten Kapitel.

Anwendung

1. Frage Gott, was für einen Namen er dir geben möchte.
2. Beobachte dich zwei Tage und notiere, was du alles über dich selbst sagt. Daraus kannst du schließen, was du über dich glaubst, denn wovon dein Herz voll ist, läuft dein Mund über (vgl. Mt 12,34).
3. Überlege dir, wo du in deinem Leben einen Durchbruch erleben möchtest (z. B. dass mehr Leute geheilt werden, oder dass du in Reinheit leben kannst usw.).

   ____

4. Anstatt dich nun mehr anzustrengen, beginne, die richtigen Dinge über dich zu denken und über dich auszusprechen.

Deklaration

Sprich laut über dich aus:

„Wie Jesus ist, so bin auch ich in dieser Welt“ (1 Joh 4,17).

Kapitel 9

Gleich wie Jesus

> *Darin ist die Liebe bei uns vollkommen geworden, dass wir Freimütigkeit haben am Tag des Gerichts,* ***denn gleichwie er ist, so sind auch wir in dieser Welt*** (1 Joh 4,17 SLT).

So wie Jesus ist, so sind auch wir in dieser Welt. Zu verstehen, dass unser Wesen dem von Jesus gleich ist, ist zentral, wenn wir wie Jesus leben wollen. Denn was wir über uns glauben, zu dem werden wir. Wenn wir daran glauben, was 2. Korinther 3,18 und 1. Johannes 4,17 sagen, geben wir uns selbst die Chance, so zu leben wie Jesus. Ich weiß nicht, was dein Ziel ist, aber mein Ziel ist, zu leben, wie Jesus gelebt hat:

> *Das soll dazu führen, dass wir alle in unserem Glauben und in unserer Kenntnis von Gottes Sohn zur vollen Einheit gelangen und dass wir eine Reife erreichen, deren Maßstab Christus selbst ist in seiner ganzen Fülle* (Eph 4,13 NGÜ).

Unser Maßstab, um danach zu leben, ist kein geringerer als Christus selbst. Und das können wir nur erreichen, wenn wir glauben, dass wir wie Jesus sind. Das ist die Wahrheit, auch wenn du noch nicht so wie Jesus handelst. Es geht darum, wer du bist, nicht was du tust. Denn was du tust, fließt aus deinem Sein.

> *Wir alle aber, indem wir mit unverhülltem Angesicht die Herrlichkeit des Herrn anschauen wie in einem Spiegel, werden verwandelt in dasselbe Bild von Herrlichkeit zu Herrlichkeit, nämlich vom Geist des Herrn* (2 Kor 3,18 SLT).

Wenn wir in den Spiegel sehen, sehen wir die Herrlichkeit des Herrn. Hast du dir schon einmal überlegt, wen du im Spiegel siehst? Normalerweise siehst du dich selbst. Wir können in den Spiegel schauen und die Herrlichkeit des Herrn sehen, weil diese Herrlichkeit in uns liegt:

> *... damit sie alle eins seien. Wie du, Vater, in mir bist und ich in dir, so sollen auch sie in uns sein, damit die Welt glaube, dass du mich gesandt hast. Und ich habe ihnen die Herrlichkeit gegeben, die du mir gegeben hast, damit sie eins seien, wie wir eins sind* (Joh 17,21-22).

Wir werden in das Bild verwandelt, auf das wir sehen. Wenn wir also in den Spiegel schauen, sollten wir die Herrlichkeit des Herrn sehen, mit anderen Worten, Jesus selbst. Und wenn wir ihn sehen, werden wir in sein Bild verwandelt.

Das Wort „verwandelt" ist das griechische Wort „metamorphoō". Das kommt in der Bibel nur viermal vor: zweimal auf dem Berg der Verklärung (Matthäus 17 und Markus 9) sowie in Römer 12,2 und in 2. Korinther 3,18.

In Matthäus 17 und Markus 9 finden wir den Berg der Verklärung: Petrus, Jakobus und Johannes haben Jesus gesehen, wie sie ihn zuvor noch nie gesehen haben. Sein Angesicht leuchtete wie die Sonne und seine Kleider wie Licht (Mt 17). Obwohl die Jünger schon länger mit Jesus unterwegs waren, sahen sie ihn zum ersten Mal so. Jesus wurde also vor den Jünger „verklärt":

> *Und er wurde verklärt* (gr. metamorphoō) *vor ihnen, und sein Angesicht leuchtete wie die Sonne, und seine Kleider wurden weiß wie das Licht* (Mt 17,2).

Die Jünger sahen Jesus nicht mit den physischen Augen, also wie er physisch war, sondern sie sahen sein Wesen, also wie er in der geistlichen Dimension ist, wie es in 2. Korinther 3,18 steht: *„Wir alle aber, indem wir mit unverhülltem Angesicht die Herrlichkeit des*

Herrn anschauen …" Genauso sollte es uns gehen, wenn wir in den Spiegel schauen. Wir sollten sehen, wer wir wirklich sind: *„… indem wir mit unverhülltem Angesicht die Herrlichkeit des Herrn anschauen wie in einem Spiegel, werden wir verwandelt in dasselbe Bild von Herrlichkeit zu Herrlichkeit."* Wenn wir uns im „Spiegel" sehen, wie Gott uns sieht, werden wir in das Bild verwandelt.

Damit meine ich nicht in erster Linie, wenn du physisch in den Spiegel siehst, sondern wie du über dich denkst. Was du über dich denkst, ergibt ein Spiegelbild in deinen Gedanken, und in dieses Spiegelbild wirst du verwandelt, weil deine Gedanken Wirklichkeit werden. Das habe ich bereits im vorhergehenden Kapitel ausgeführt.

> *Und passt euch nicht diesem Weltlauf an, sondern lasst euch verwandeln* (metamorphoō) *durch die Erneuerung eures Sinnes, damit ihr prüfen könnt, was der gute und wohlgefällige und vollkommene Wille Gottes ist* (Röm 12,2 SLT).

Indem wir unseren Sinn erneuern, also wie wir über uns selbst denken, werden wir verändert oder verklärt. Wenn wir über uns glauben, dass wir das Wesen von Jesus haben (vgl. 1 Joh 4,17), werden wir verwandelt, sodass wir mehr und mehr so leben, wie Jesus gelebt hat.

Ich hatte früher mit vielen Dingen Mühe. Ich dachte, ich sei nicht sympathisch und hatte darum Mühe, auf Leute zuzugehen. Als mir bewusst wurde, dass ich das Wesen von Jesus habe, fiel es mir viel leichter, auf Personen zuzugehen, weil ich wusste, dass ich sympathisch bin (weil Jesus sympathisch ist). Es fiel mir auch nicht leicht, Leute auf der Straße anzusprechen oder für sie zu beten. Als ich erkannte, dass ich wie Jesus bin und dies ungeachtet meines Verhaltens glaubte, fiel es mir plötzlich viel leichter, für Leute auf der Straße zu beten, weil Jesus dies ja auch tat. Es ist für mich also normal, weil ich so bin wie er.

In gewissen Situationen hätte ich manchmal zwar gerne jemanden umarmt, aber ich konnte es einfach nicht. Als ich erkannte, dass ich wie Jesus bin, fiel mir dies plötzlich viel leichter. Jesus hat kein Problem, jemanden zu umarmen, also war es für mich normal, auch kein Problem damit zu haben. Ich habe mich in diesen Dingen nicht mehr angestrengt oder schwer um einen Durchbruch gerungen, sondern lediglich mein Denken über mich verändert, und schon änderte sich mein Verhalten. Genau das ist „metamorphoō".

Es gibt das Sprichwort: „Der Apfel fällt nicht weit vom Stamm." Genauso ist es bei uns und Gott, unserem Vater:

> *... denn „in ihm leben, weben und sind wir", wie auch einige von euren Dichtern gesagt haben: „Denn auch wir sind von seinem Geschlecht"* (gr. genos = Verwandtschaft, Nachwuchs, Familie) (Apg 17,28 SLT).

Was macht deinen Nachwuchs aus? Er hat deine DNA. Wir sind Gottes Nachwuchs, wir haben seine DNA. Wir sind nicht Gott, aber wir sind in seinem Ebenbild geschaffen. Wenn wir verstehen, dass wir in seinem Ebenbild geschaffen sind, wird es normal, dass wir so leben, wie Jesus gelebt hat:

> *Da sprach Jesus wiederum zu ihnen: Friede sei mit euch! Gleichwie mich der Vater gesandt hat, so sende ich euch* (Joh 20,21 SLT).

Was tat Jesus? Er heilte die Kranken, machte die Aussätzigen rein, trieb Dämonen aus, ehrte und liebte Menschen, brachte ihnen die Liebe des himmlischen Vaters usw. Wir sind berufen, genau die gleichen Dinge zu tun.

Wikipedia definiert die Metamorphose wie folgt: „Die Metamorphose (griech. μεταμόρφωσις = Umgestaltung, Verwandlung, Umwandlung), ist in der Zoologie die Umwandlung der Larvenform zum Adultstadium, dem geschlechtsreifen, erwachsenen Tier (Gestaltwandel). Der Begriff bezieht sich speziell auf Tiere, deren

Jugendstadien in Gestalt und Lebensweise vom Adultzustand abweichen."[1]

Wenn sich zum Beispiel eine Raupe in einen Schmetterling verwandelt, ist das eine Metamorphose. Nun ist die Frage: Welche DNA ist in einer Raupe? Die Raupe und der Schmetterling haben dieselbe DNA. Heruntergebrochen auf unser Leben heißt das: Vielleicht sehen unsere Taten noch nicht so aus wie die von Jesus, aber trotzdem sind wir wie Jesus. Je mehr wir verstehen, dass wir sind, wie er ist, desto mehr verwandeln wir uns und unsere Taten werden wie seine (und noch grösser).

> *Meine Kinder, um die ich noch einmal Geburtswehen leide, bis Christus in euch Gestalt gewinnt* (Gal 4,19 SLT)).

Christus ist schon in uns. Wir haben schon seinen Geist und seine DNA. Jetzt geht es darum, dass er in uns Gestalt gewinnt. Dies tut er, indem wir unsere Gedanken erneuern (vgl. Röm 12,2).

„Metamorphoō" bedeutet also, dass wir uns „entpuppen" und zeigen, was eigentlich bereits in uns ist: Christus. Ohne zu verstehen, dass wir schon sind wie Jesus, werden wir nie leben wie Jesus. Ich bin nicht Gott, aber ich habe seine heilige DNA. Er ist mein Vater. Sein Geist ist in mir.

Was hast du vor Augen, wenn du an dich denkst bzw. in den Spiegel siehst? Jesus, oder deinen alten Menschen? Ich rate dir, von dir zu denken, dass du wie Jesus bist (vgl. 1. Joh 4,17).

Anwendung

1. Worin denkst du von dir anderes als von Jesus?

____

[1] https://de.wikipedia.org/wiki/Metamorphose_(Zoologie)

2. Schaue in den Spiegel und sprich 1. Johannes 4,17b über dich aus: *Denn gleichwie Jesus ist, so bin auch ich* (dein Name) *in dieser Welt!*

Deklaration

Sprich laut über dich aus:

„Ich habe dieselbe DNA wie Jesus."

„Weil mein Wesen so ist, wie das Wesen von Jesus, kann ich auch so leben wie Jesus."

Kapitel 10

Demut

Du magst dich jetzt vielleicht fragen, was das alles mit Demut zu tun hat?

Wahre Demut bedeutet, so von sich zu denken, wie Gott es tut. Demut heißt nicht, dass wir möglichst schlecht von uns denken. Es bedeutet nicht zu verleugnen, dass du Talente hast.

> *Denn ich sage durch die Gnade, die mir gegeben wurde, jedem, der unter euch ist,* ***nicht höher von sich zu denken, als zu denken sich gebührt, sondern darauf bedacht zu sein, dass er besonnen sei*** (d. h. sich richtig einzuschätzen), *wie Gott einem jeden das Maß des Glaubens zugeteilt hat* (Röm 12,3 ELB).

Paulus schreibt, dass wir nicht zu hoch von uns denken sollen. Dieser Satz ist uns vertraut und wir haben damit überhaupt kein Problem. Danach schreibt Paulus, dass wir uns richtig einschätzen sollen. Das fordert uns schon mehr heraus. Was bedeutet es, sich richtig einzuschätzen? Es bedeutet, dass wir so über uns denken, wie Gott über uns denkt, denn er ist der Maßstab, an dem alles gemessen wird. Unter Christen ist das „zu hoch von sich denken" nicht wirklich ein Problem. Selten treffe ich jemand, der zu hoch von sich denkt. Ich treffe jedoch auch selten jemand, der sich richtig einschätzen kann. Die allermeisten schätzen sich viel zu gering ein. Sie denken, sie seien ein Niemand und könnten nichts. Sie tragen einen riesigen Minderwertigkeitskomplex mit sich herum und denken dabei, sie seien demütig.

Ich bin überzeugt, dass wir uns vor Freude kaum halten können, wenn wir so von uns denken, wie Gott von uns denkt. Er denkt so gut von uns, dass wir oft das Gefühl haben, wir würden stolz, wenn wir uns auf die Gedanken Gottes einlassen (vgl. Zef 3,17).

Wenn Gott an dich denkt, kann er sich kaum halten vor Freude! Wenn wir uns jedoch selbst einschätzen, ist dies oftmals mit schlechten Emotionen verbunden. Irgendwo haben wir unsere wahre Identität verloren. Wenn wir so über uns denken, wie Gott über uns denkt, sollten wir auch Freude an uns bekommen, denn Gott hat es auch. In Psalm 139 schreibt David: *„Ich danke dir dafür, dass ich wunderbar gemacht bin; wunderbar sind deine Werke; das erkennt meine Seele."* Selten treffe ich Personen, die das wirklich von sich sagen können. Leider treffe ich aber viele Personen, die behaupten, es sei stolz, so etwas von sich zu sagen. Wenn wir aber Gott glauben und so über uns denken, wie er über uns denkt, werden wir Freude an uns selbst bekommen. Wir sind dann nicht stolz, sondern von Herzen demütig!

Wenn wir uns so sehen, wie Gott uns sieht, ehren wir Gott. Wenn wir selbst glauben, dass wir wunderbar geschaffen sind, ehrt das unseren himmlischen Vater, da er uns so gemacht hat.

Wenn wir wissen, wer wir sind und was wir der Welt zu geben haben, macht uns das demütig. Wenn wir jedoch auf das aus sind, was wir bekommen können, macht uns das arrogant. Wenn ich von mir selbst sage: „Ich bin wunderbar gemacht von Gott", kann ich Demut oder Arroganz in meinem Herzen tragen. Wenn ich weiß, wer ich bin und was ich der Welt geben kann, weil Gott mich wunderbar geschaffen hat, bin ich demütig. Wenn ich jedoch mit dieser Aussage darauf abziele, Anerkennung und Lob von den Leuten zu bekommen, bin ich arrogant. Ich persönlich liebe demütige Personen – Leute die wissen, wer sie wirklich sind.

Es braucht mehr Demut, um Gott zu glauben, dass wir sind, wer er sagt, dass wir sind, als uns selbst zu glauben. Doch genau das sollten wir tun. Wir sollen demütig sein und Gottes Meinung mehr vertrauen als unserer Meinung und unseren Emotionen. Ich fühle mich nicht jeden Tag gleich geliebt oder gleich genial gemacht. Das ist kein Problem. Die Frage dabei ist, wem wir vertrauen: was unsere Emotionen über uns sagen, oder was Gott über uns sagt.

Warum haben wir oft Mühe, uns selbst so zu sehen, wie Gott uns sieht? Zweifellos sind dabei mehrere Faktoren entscheidend. Einer davon ist unsere Kultur. Wir halten es für demütig, uns selbst gering einzuschätzen, damit wir nicht eingebildet erscheinen. In Gottes Augen ist dieses Verhalten genauso verkehrt, wie wenn wir uns zu gut einschätzen – beides ist Stolz.

Jesus sagte in Matthäus 23,11: *„Der Größte unter euch soll euer Diener sein."* Wenn wir verstehen, wie großartig wir sind, können wir nicht anders, als anderen zu dienen. Wenn wir noch nicht dienen, haben wir vermutlich noch nicht verstanden, wie großartig wir sind. Demütig zu sein und mit der Sicht Gottes übereinzustimmen, führt letzten Endes dazu, dass wir anderen dienen können.

Wahre Demut hilft dir, so zu werden wie Jesus. Falsche Demut hält dich gefangen und lässt es nicht zu, dass du dich voll und ganz entwickeln kannst. Demütig zu sein heißt nicht, gering von sich zu denken, sondern weniger an sich zu denken. Jesus wusste genau, wer er war. Er dachte nicht gering von sich, sondern lediglich weniger an sich. Dies befähigte ihn, die Welt zu retten. Jesus dachte nicht schlecht von sich, er dachte so von sich, wie der Vater von ihm dachte. Er machte kein Geheimnis daraus, dass er ein König ist, und dass er der Sohn Gottes ist.

> *Und Pilatus fragte ihn: Bist du der König der Juden? Er aber antwortete und sprach zu ihm: Du sagst es* (Mk 15,2).
>
> *Da sagten alle: Du bist also der Sohn Gottes. Er antwortete ihnen: Ihr sagt es – ich bin es* (Lk 22,69).
>
> *Ihr sagt zu mir Meister und Herr, und ihr nennt mich mit Recht so; denn ich bin es* (Joh 13,13).

Jesus wusste, wer er war. Jesus war zutiefst demütig, obwohl manche glaubten, er sei stolz. Er war demütig, weil er so über sich dachte, wie der himmlische Vater über ihn dachte.

Sich selbst lieben

Jesus gebietet uns, uns selbst zu lieben. Er sagt in Matthäus 19,19: *„Du sollst deinen Nächsten lieben wie dich selbst."* Wir bemühen uns sehr, unseren Nächsten zu lieben, aber uns selbst zu lieben, halten wir für falsch. Wenn du aber dich selbst nicht liebst, kannst du auch deinen Nächsten nicht lieben, denn Jesus sagt auch: *„Liebe deinen Nächsten* ***wie*** *dich selbst."* Uns selbst zu lieben ist daher nicht falsch, sondern biblisch.

> *So sollen auch die Männer ihre Frauen lieben wie ihren eigenen Leib. Wer seine Frau liebt, der liebt sich selbst* (Eph 5,28).

Zwischen sich selbst zu lieben und egoistisch zu sein ist ein großer Unterschied. Egoismus ist Selbstsucht. Bei Egoismus geht es nur um dich selbst. Wenn ich mich aber selbst liebe, befähigt mich das, anderen zu dienen und diese zu lieben, wie ich mich selbst liebe. Menschen, die sich selbst nicht lieben, saugen in Beziehungen das Gegenüber aus, weil es ihnen gibt, was sie (sich) selbst nicht geben können – Liebe. Um aber eine Beziehung zu haben, die auf Gegenseitigkeit basiert, müssen sich beide Partner selbst lieben, damit sie auch einander lieben können.

Wenn du das ausleben willst, was Jesus gelebt hat, führt kein Weg daran vorbei, demütig zu sein und dich selbst zu lieben.

Anwendung

1. Was hindert dich daran, dich selbst zu lieben?

2. Sich selbst zu lieben ist gar nicht schwer, es ist eine Entscheidung. Vergib dir selbst für Dinge, die dich daran hindern, dich selbst zu lieben und dann entscheide dich, dass du dich selbst liebst.
3. Beginne Gutes über dich auszusprechen und dich selbst zu segnen, so wie du deinen besten Freund segnen würdest.

Deklaration

Sprich laut über dich aus:

„Ich liebe mich selbst, so wie ich bin. Darum kann ich meinen Nächsten lieben."

Kapitel 11

Wiederhergestellt als Original

In Eden schuf Gott den Menschen mit seinen Händen und hauchte ihm den Lebensatem ein.

> *Da machte Gott der HERR den Menschen aus Erde vom Acker und blies ihm den Odem des Lebens in seine Nase. Und so ward der Mensch ein lebendiges Wesen* (1 Mo 2,7).

Das entstandene Kunstwert Mensch bewertete Gott als sehr gut. Der himmlische Vater war völlig zufrieden mit dem, was er geschaffen hatte, auch mit dem Menschen, den er in seinem Ebenbild schuf.

> *Und Gott schuf den Menschen zu seinem Bilde, zum Bilde Gottes schuf er ihn; und schuf sie als Mann und Frau* (1 Mo 1,27).

> *Und Gott sah an alles, was er gemacht hatte, und siehe, es war sehr gut* (1 Mo 1,31).

Leider nahm die ganze Sache einen schlechten Lauf und der Mensch sündigte. Adam und Eva verfehlten ihr Ziel und gaben sich der Sünde hin. Sie aßen vom Baum der Erkenntnis von Gut und Böse, obwohl Gott ihnen geboten hatte, dies nicht zu tun (1 Mo 2,16-17). Von nun an stand der Mensch unter dem Einfluss der Sünde.

> *Deshalb, wie durch einen Menschen die Sünde in die Welt gekommen ist und der Tod durch die Sünde, so ist der Tod zu allen Menschen durchgedrungen, weil sie alle gesündigt haben* (Röm 5,12).

Der Mensch wurde zu einem „Sünder“. Sein ganzes Sein war unter dem Einfluss der Sünde. Egal, was der Mensch auch versuchte, er war in der Gefangenschaft der Sünde und konnte sich daraus nicht selbst lösen. Als jedoch Jesus für uns am Kreuz starb und einen neuen Bund etablierte, änderte sich alles. Nun sind die Menschen, welche sich Jesus hingeben, nicht mehr Sünder, sondern Gerechte.

> *Denn wie durch den Ungehorsam des einen Menschen die Vielen zu Sündern geworden sind, so werden auch durch den Gehorsam des Einen die Vielen zu Gerechten* (Röm 5,19).

Der Einfluss der Sünde, also der „Virus“, wurde beseitigt. Nun sind wir nicht mehr Sünder, sondern Gerechte! Unser alter Mensch, der sündig war, wurde mit Jesus gekreuzigt, damit er starb. Der neue Mensch ist nun nicht mehr mit dem Virus der Sünde infiziert und deshalb heilig und gerecht. Der neue Mensch ist wie Adam vor dem Sündenfall oder wie Jesus – heilig und gerecht. Wenn Gott dich anschaut, sieht er nicht einen Sünder, sondern einen Heiligen, der aussieht wie Adam vor dem Sündenfall oder wie Jesus.

> *... denn wie er* (Jesus) *ist, so sind auch wir in dieser Welt* (1 Joh 4,17b).

> *Wir wissen ja, dass unser alter Mensch mit ihm gekreuzigt ist, damit der Leib der Sünde vernichtet werde, sodass wir hinfort der Sünde nicht dienen. Denn wer gestorben ist, der ist frei geworden von der Sünde* (Röm 6,6-7).

Früher war Sünde ein Teil des Menschen, sie war in ihm und durchdrang sein ganzes Sein. Wenn du wiedergeboren wirst, gilt dies aber nicht mehr. Sünde ist nicht mehr ein Teil von uns, wenn wir uns Jesus hingegeben haben. Wir können jetzt zwar immer noch sündigen, es ist jedoch nicht mehr unsere Natur zu sündigen. Der alte, sündige Mensch wurde getötet und damit eine neue Kreatur zum Leben erweckt.

> *Darum: Ist jemand in Christus, so ist er eine neue Schöpfung; das Alte ist vergangen; siehe, es ist alles neu geworden!* (2 Kor 5,17 SLT).

Durch die Tatsache, dass unser altes Ego mit Christus gestorben ist, lebt nun er in uns. Wir erhalten seine Gedanken. Wir müssen uns selbst nicht mehr verleugnen, sondern können endlich ausleben, was in uns steckt – wir können endlich dieser göttlichen DNA in uns die nötige Plattform geben.

> *Ich lebe, aber nicht mehr ich selbst, sondern Christus lebt in mir* (Gal 2,20 NLB).

Johannes der Täufer predigte: „Ich muss abnehmen – Jesus muss zunehmen" (vgl. Joh 3,30). Johannes war nicht wiedergeboren, da er im alten Bund lebte. Wenn wir mit Jesus gestorben sind und unser alter Mensch getötet wurde, ist dieser offensichtlich komplett vernichtet oder hat – mit den Worten von Johannes – abgenommen. Am neuen Menschen gilt es nun aber zuzunehmen. Bill Johnson, der Senior Pastor der Bethel Church in Redding/USA, formuliert es so: „Gott will alles von mir, überdeckt mit allem von ihm."

Viele Christen denken, dass Gott ihre Menschlichkeit nicht mag, dass er sie irgendwie verabscheut. Aber warum sollte er das tun? Wir sind wiederhergestellt in seinem Ebenbild. Unsere Menschlichkeit ist nicht mehr sündig, sondern heilig. Gott hat uns mit unserer Menschlichkeit geschaffen, das bedeutet für mich, dass er sie mag. Unser himmlischer Vater mag es, wenn wir wir selbst sind. Wir sind Menschen und Gott mag uns.

Wie wir das wahrnehmen, was Jesus für uns am Kreuz erwirkt hat, hängt davon ab, wann die Geschichte der Menschheit für uns beginnt. Wenn wir glauben, dass die Geschichte mit dem Sündenfall beginnt (1 Mo 3), denken wir, dass wir Sünder sind, gerettet durch Gnade. Wenn wir aber glauben, dass die Geschichte in 1. Mose 1 beginnt, als der Mensch im Ebenbild Gottes geschaffen wurde, können wir glauben, dass wir durch Jesus wieder dahin zurückgebracht wurden und dass wir wieder heilig und gerecht in seinem Ebenbild geschaffen sind.

Jesus hat uns durch seine Tat am Kreuz ermöglicht, in unserer ursprünglichen Natur wiederhergestellt zu werden, indem er das Problem der Sünde behob (vgl. Röm 6). Unsere ursprüngliche Natur war nicht sündig, da Gott sie als „sehr gut" bewertete, und wir waren in seinem Ebenbild geschaffen (vgl. 1 Mo 1,27.31). Ich glaube nicht, dass Gott uns als „sehr gut" bewertet hätte, wenn wir sündig gewesen wären, oder dass wir als Sünder „sein Ebenbild" genannt worden wären.

Ich bin davon überzeugt, dass wir das Beste sind, was unser himmlischer Vater zu bieten hatte für diese Zeit, in der wir leben. Er hat uns in diese Zeit gesetzt, weil er die Lösungen für die Welt in uns hineingelegt hat. Jeder von uns trägt etwas vom Himmel in sich, um diese Welt zu verändern. Es ist wie Samen, die in uns schlummern. Das können zum Beispiel Träume sein. Wenn du von einer genialen Erfindung träumst, ist das mit hoher Wahrscheinlichkeit nicht „dein Traum", sondern ein Traum, den Gott in dein Herz gelegt hat, um diese Welt zu verändern. Diese Sachen sollen wir aus unserem Herzen, also aus der unsichtbaren Welt, in die sichtbare Welt holen.

Manche Menschen glauben, dass alles an ihnen schlecht und sündig ist und dass nur, was direkt vom Vater kommt, gut ist. Sie verleugnen all ihre Träume und warten auf Visionen vom Himmel. Seit du eine neue Schöpfung bist (2 Kor 5,17), trägst du die Visionen und Träume des Himmels in dir. Es geht also nicht darum, dich oder deine Träume zu verleugnen, sondern sie als göttlich zu erkennen und sie auszuleben. Seid wir mit Jesus gestorben sind, können wir Gottes Gedanken denken (1 Kor 2,16). Gott hat jeden von uns anders gemacht, weil er dieser Welt durch jeden von uns einen anderen Aspekt von sich offenbaren will. Gott verabscheut deine Menschlichkeit nicht, sondern er gebraucht sie, damit die

Welt sehen kann, wie kreativ er ist. Du kannst ohne schlechtes Gewissen ausleben, was in dir ist. Wenn du das tust, verwirklichst du die Träume, welche Gott in dein Herz gelegt hat.

> *Da sprach Jesus zu seinen Jüngern: Will mir jemand nachfolgen, der verleugne sich selbst und nehme sein Kreuz auf sich und folge mir. Denn wer sein Leben erhalten will, der wird's verlieren; wer aber sein Leben verliert um meinetwillen, der wird's finden* (Mt 16,24-25).

Wir nahmen unser Kreuz auf uns und verleugneten uns selbst, als wir mit Christus starben. Indem wir unser Leben verloren haben, haben wir es gewonnen.

> *Oder wisst ihr nicht, dass alle, die wir auf Christus Jesus getauft sind, die sind in seinen Tod getauft? So sind wir ja mit ihm begraben durch die Taufe in den Tod, damit, wie Christus auferweckt ist von den Toten durch die Herrlichkeit des Vaters, auch wir in einem neuen Leben wandeln. Denn wenn wir mit ihm verbunden und ihm gleich geworden sind in seinem Tod, so werden wir ihm auch in der Auferstehung gleich sein* (Röm 6,3-5).

> *Sind wir aber mit Christus gestorben, so glauben wir, dass wir auch mit ihm leben werden* (Röm 6,8).

Mit Jesus gestorben zu sein, bedeutet nichts anderes, als dass du dein Leben aufgibst und ihm dein Leben gibst, dass du Jesus als deinen Herrn annimmst und all deine Wünsche aufgibst und tust, was er dir sagt.

> *Trachtet zuerst nach dem Reich Gottes und nach seiner Gerechtigkeit, so wird euch das alles zufallen* (Mt 6,33).

Wenn wir das tun, sind wir Knechte Gottes (vgl. Röm 6,22). Wenn wir an diesen Punkt der kompletten Hingabe gekommen sind und unser Leben in seine Hände gelegt und all unsere Wünsche aufgegeben haben, fragt unser himmlischer Vater uns: „Was wünschst du dir?" Wenn wir unser Leben behalten wollen, werden wir es verlieren. Wenn wir unser Leben verlieren, werden wir es gewinnen.

> *Wahrlich, wahrlich, ich sage euch: Wenn das Weizenkorn nicht in die Erde fällt und erstirbt, bleibt es allein; wenn es aber erstirbt, bringt es viel Frucht* (Joh 12,24).

Zuerst müssen wir „sterben", bevor wir ausleben können, was in uns ist, und somit viel Frucht bringen. Du wirst dein Potenzial nie ausschöpfen, wenn du nicht verstehst, dass wie bei einem Samen bereits alles in dir steckt, was du brauchst. Du bist wie ein Samen, der von Gott in die Erde gelegt wurde und zu einem Baum heranwachsen soll. Du musst dich nicht mehr selbst verleugnen. Das hast du schon getan, als du mit ihm am Kreuz gestorben und zu einem neuen Leben auferstanden bist. Indem du dein Leben verloren hast, hast du es gewonnen.

Anwendung

1. Was für Träume und Wünsche sind in deinem Herzen, die du gerne ausleben würdest?

   ____

2. Lade den Heiligen Geist ein dir zu zeigen, wie die ersten Schritte dazu aussehen.
3. ... beginne dies auszuleben, denn es ist von Gott.

Deklaration

Sprich laut über dich aus:

„Ich bin der Sünde gestorben und habe eine siegreiche DNA in mir."

„Meine Träume sind Gottes Träume. Wenn ich sie auslebe, werde ich die Welt verändern."

Kapitel 12

Vergleiche dich nicht!

Vergleichen raubt dir die Freude

In Matthäus 20 erzählt Jesus ein Gleichnis über das Königreich Gottes. Ein Landherr geht früh morgens los, um Arbeiter für seinen Weinberg zu suchen. Er bietet ihnen einen Silbergroschen für ihre Arbeit und schickt sie zur Arbeit in den Weinberg. Etwas später geht er wieder los und findet Arbeiter, welche er zum selben Lohn in seinen Weinberg sendet. Auch um die Mittagszeit geht er wieder auf den Marktplatz und findet Arbeiter. Als er am Nachmittag ein letztes Mal auf den Marktplatz geht und immer noch Arbeiter findet, sendet er auch sie in den Weinberg, dass sie für ihn arbeiten. Nach der Arbeit im Weinberg lässt er am Abend seinen Verwalter den Lohn auszahlen. Alle erhalten einen Silbergroschen – wie vereinbart. Daraufhin beklagen sich diejenigen Arbeiter, welche bereits am Morgen mit der Arbeit begonnen haben beim Landherrn darüber, dass auch die Arbeiter, die erst später zu arbeiten anfingen, den gleichen Lohn erhalten wie sie.

Ich habe dieses Gleichnis schon oft gelesen, fand jedoch nie den richtigen Zugang dazu. Einmal aber dämmerte es mir plötzlich. Alle Arbeiter waren mit dem vereinbarten Lohn zufrieden. Sie fanden den Lohn gut und gingen deshalb in den Weinberg und taten ihre Arbeit. Erst als die Arbeiter ihre Löhne verglichen, wurden einige unzufrieden. Als sie auf ihre Arbeit und ihren Lohn schauten, war alles in Ordnung; erst als sie sich verglichen, wurden einige unglücklich über ihren Lohn.

Solange wir auf das sehen, was wir haben, wer wir sind, was wir können usw., sind wir zufrieden, doch wenn wir anfangen uns mit anderen zu vergleichen, die scheinbar mehr haben, werden wir unzufrieden. In meinem Leben habe ich gemerkt, dass es Gift für meine Seele ist, wenn ich mich mit anderen vergleiche. Ich bin total zufrieden mit mir, bis ich mich mit jemanden vergleiche, der scheinbar besser ist als ich.

Aus dem Vergleichen kommt nichts Gutes hervor. Durch Vergleiche drehen wir uns immer in einer Abwärtsspirale, da Gott uns nicht geschaffen hat, damit wir uns vergleichen. Wir sind Unikate, die nicht verglichen werden können. Wir alle sind Handarbeit unseres himmlischen Vaters, perfekt abgestimmt auf unsere Berufung. Wenn wir das verstehen, gibt es keinen Grund mehr, uns zu vergleichen. Wenn es Satan schafft, dass wir uns vergleichen, sitzen wir in der Falle, da der Vergleich mit anderen immer an unserem Selbstwert nagen wird. Wenn wir uns vergleichen, suchen wir Bestätigung, die wir nie bekommen. Wir suchen Bestätigung, die wir nicht durch den Vergleich mit anderen, sondern einzig und allein von unserem himmlischen Vater bekommen können. Es gibt immer irgendjemanden der irgendetwas besser kann als du. Nur dein himmlischer Vater kann dir Wert geben, der unabhängig von deiner Leistung bestehen bleibt.

Saul

Nachdem David Goliath bezwungen hatte, wurde Saul aufmerksam auf ihn und nahm David in seine Armee auf.

> *David zog für Saul in den Kampf und war erfolgreich in allem, was Saul ihm auftrug. Schließlich machte Saul ihn zum Heerführer, eine Wahl, die den Beifall des Volkes und auch der Diener Sauls fand. Als das Heer nach dem Sieg Davids über den Philister nach Hause zurückkehrte, kamen die Frauen aus allen Städten König Saul entgegen. Sie sangen und tanzten vor Freude und spielten auf*

> *Tamburinen und Zimbeln. Sie sangen: »Saul hat Tausende getötet, aber David Zehntausende!« Saul wurde sehr zornig, weil ihm das Lied ganz und gar nicht gefiel. Er dachte: »Sie sagen, David habe Zehntausende getötet, und ich nur Tausende. Als nächstes werden sie ihn zu ihrem König machen!« Und von da an war Saul eifersüchtig auf David* (1 Sam 18,5-9 NLB).

Zu Sauls Zeiten war es sehr bewundernswert, wenn Frauen über einen Mann sagten, dass dieser Tausende getötet hat. Es fühlte sich gut an. Eigentlich gab es für Saul keinen Grund, um auf David eifersüchtig zu sein. Hätte Saul auf sich und seine Erfolge geschaut, wäre er glücklich gewesen. Doch tat er dies nicht, weil er sich seiner Identität nicht bewusst war. Als König hatte er keinen Grund, sich mit David zu vergleichen. Schon gar nicht, wenn er sich seiner Identität bewusst gewesen wäre. Trotzdem verglich er sich mit David. Dieser Vergleich nagte an seinem ohnehin geringen Selbstwert. Ja, es streute Salz in die offene Wunde des Minderwertes. Ein Mann mit einem gesunden Selbstwert und einer gefestigten Identität hätte sich nicht vergleichen müssen, er wäre froh gewesen, einen so tapferen Krieger wie David in seiner Armee zu haben.

Eifersucht

Vergleichen bringt immer Eifersucht in dein Leben, weil Satan dadurch eine offene Tür findet, die er immer dazu benutzt, Eifersucht zu streuen. Bei Saul führte dies schlussendlich in seinen Tod und somit zum Ende seiner Königherrschaft. Vergleichen bringt Eifersucht hervor und Eifersucht hält dich von deiner Berufung ab, oder führt dich aus deiner Berufung heraus.

> *Wer gelassen und ausgeglichen ist, lebt gesund. Der Eifersüchtige wird von seinen Gefühlen innerlich zerfressen* (Spr 14,30 HFA).

Wenn wir auf jemanden eifersüchtig sind, bedeutet das, dass wir noch nicht wissen, wer wir wirklich sind. Wenn wir wirklich erfasst haben, wer wir sind, gibt es keinen Grund, um eifersüchtig auf irgendjemanden zu sein. Lass es mich ganz einfach erklären: Wenn du weißt, dass du ein Traktor bist, musst du nicht eifersüchtig sein auf den Ferrari, weil der schneller fährt als du. Der Traktor hat seine Stärken, die er braucht, um das zu erfüllen, wofür er erschaffen wurde, und genauso hat auch der Ferrari seine Stärken. Aber wenn du dich als Traktor mit dem Ferrari vergleichst, kommst du schlecht weg. Umgekehrt gilt das gleiche. Wenn sich der Ferrari mit dem Traktor vergleicht, weil der viel besser im Gelände fahren kann, hat der Ferrari nicht verstanden, was er ist und verliert somit im Vergleich.

> *Vielmehr soll jeder sein eigenes Tun überprüfen! Dann kann er sich mit dem rühmen, was er selbst tut, und muss sich nicht mit anderen vergleichen* (Gal 6,4).

Vielleicht schaust du in der Gemeinde auf jemanden, der auf der Bühne steht und predigt oder die Anbetung leitet. Du selbst arbeitest aber in der Wirtschaft und stehst nie auf der Bühne in einer Gemeinde. Und du beginnst dich zu vergleichen und wirst eifersüchtig. Wir alle kennen das. Nun, es ist eine Lüge, dass jemand von euch beiden besser oder schlechter wäre als der andere. Ihr habt einfach andere Gaben und andere Dienste. Du kannst in der Wirtschaft Dinge bewegen, die jemand in der Gemeinde nicht kann. Und der in der Gemeinde kann vielleicht Dinge tun, die dir nicht einmal Freude bereiten und die du überhaupt nicht gut kannst. Warum solltet ihr euch also vergleichen? Vielmehr sollte sich jeder bewusst werden, was seine Stärken und Gaben sind, die ihm Gott gegeben hat. Das dient allen am meisten. Auch dir. Alles beginnt damit, dass wir unseren Wert erkennen, den wir in den Augen unseres himmlischen Vaters haben und uns dadurch selbst zu lieben beginnen, damit wir andere lieben können.

Eine der stärksten Auswirkungen einer gesunden Identität ist, sich an den Erfolgen anderer zu freuen. Sich an den Erfolgen von anderen nicht freuen zu können, sagt mehr über uns aus, als über die anderen. Der einzige Grund, warum wir uns an den Erfolgen anderer nicht freuen können, ist, weil wir sie als Konkurrenten sehen und nicht wissen, wie speziell und wunderbar wir selbst sind. Identität gibt dir Sicherheit zu wissen, dass du gut bist, so wie du bist. Solange wir diese Sicherheit nicht haben, vergleichen wir uns, um uns selbst zu beweisen, dass wir gut sind. Wenn aber jemand neben uns (mehr) Erfolg hat und wir uns mit ihm vergleichen, werden wir eifersüchtig, weil wir denken, wir seien nicht gleich gut. Wenn wir das in unserem Leben feststellen, sollten wir uns danach ausstrecken, den Wert zu erkennen, den wir in den Augen unseres Vaters haben.

Anders sein

Es ist nicht mein Ziel, so zu sein wie ein anderer; ebenso wenig ist es mein Ziel, besser zu sein als ein anderer. Mein Ziel ist es, anders zu sein, nämlich, ich selbst zu sein. Wir alle sind dazu bestimmt anders zu sein, nicht gleich gut oder besser. Wir alle sind einzigartig. Wenn wir unsere Einzigartigkeit opfern, um gleich gut oder besser zu sein als eine andere Person, verliert die Welt ein Teil von Gottes Kreativität.

Wenn wir uns vergleichen, tun wir das mit einem Ziel: Wir wollen feststellen, ob wir schlechter, gleich gut oder besser sind als eine andere Person. Darum geht es beim Vergleichen. Jedoch bist du nicht geschaffen, um schlechter, gleich gut oder besser zu sein. Du bist von Gott geschaffen, um anders zu sein. Wenn du du selbst bist, bist du anders als alle anderen Menschen. Der Mensch wurde nie dafür geschaffen, sich mit anderen Menschen zu vergleichen.

Du kannst der Welt etwas geben, was nur du ihr geben kannst. Niemand kann das für dich machen. Nur du allein besitzt die Talente, Charakterzüge, Gaben usw., die dir eigen sind. Gott hat dich genau so geschaffen, wie er sich das wünschte. Er hat dich perfekt ausgestattet, für diese Zeit, in der du lebst. Du bist einmalig und genauso ist das, was du der Welt zu geben hast, einmalig. Wenn wir uns aus dieser Sicht betrachten, macht es absolut keinen Sinn, sich zu vergleichen.

Unser Ziel sollte es sein, unsere Identität zu finden. Wenn wir das erreicht haben, müssen wir uns nicht mehr vergleichen. Finde heraus, wozu dich Gott geschaffen hat, was er dir für Eigenschaften gegeben hat, um zu erfüllen, wozu du berufen bist. Wenn du dir darüber im Klaren bist, gibt es keinen Grund mehr, dich zu vergleichen.

Anwendung

1. Wenn du versucht bist, dich zu vergleichen, dann werde dir bewusst, dass du nicht dafür geschaffen wurdest verglichen zu werden. Du bist ein Unikat.
2. Bitte deinen himmlischen Vater um eine neue Offenbarung über den Wert, den du in seinen Augen hast.
3. Schreib auf, was deine Stärken sind und freue dich darüber. Dadurch wird das Verlangen dich zu vergleichen abnehmen.
4. Beginne die Stärken von Anderen bewusst zu feiern.

Deklaration

Sprich laut über dich aus:

„Ich bin einzigartig und unvergleichbar geschaffen."

„Die Welt braucht meine Stärken."

Kapitel 13

Deine Einzigartigkeit ist deine Kraft!

Als ich einmal während des Abendgottesdienstes in unserer Gemeinde in der Anbetung stand, sprach der Heilige Geist zu mir: „Behalte deine Einzigartigkeit, wie Simson seine Haare nicht scherte, denn deine Einzigartigkeit ist deine Stärke."

Was Simson in seiner Zeit einzigartig machte, waren seine ungeschorenen Haare.

> *Und der Engel des Herrn erschien der Frau und sprach zu ihr: Siehe doch! Du bist unfruchtbar und kannst keine Kinder bekommen; aber du wirst schwanger werden und einen Sohn gebären! Und nun hüte dich doch, dass du keinen Wein noch starkes Getränk trinkst und nichts Unreines isst! Denn siehe, du wirst schwanger werden und einen Sohn gebären; dem soll kein Schermesser auf das Haupt kommen; denn der Knabe soll ein Nasiräer Gottes sein von Mutterleib an, und er wird anfangen, Israel aus der Hand der Philister zu erretten!* (Ri 13,3-5 SLT).

Das hebräische Wort Nasiräer (naziyr) bedeutet „unbekleidet" und „ausgesondert".

Simson war Gott geweiht und ausgesondert für Gott. Er war etwas Besonderes. Er schnitt seine Haare nicht, was in der Zeit, in der er lebte, ungewöhnlich war. In deiner Einzigartigkeit liegt deine Kraft.

Wir müssen uns nicht als jemand anderes verkleiden. Wir müssen uns nicht etwas überstülpen, was wir nicht sind. Wir können unbekleidet sein vor Gott. Wenn wir das tun, entwickeln wir in unserem Leben am meisten Freude und dadurch Kraft.

Die grundlegende Bedeutung von Heiligkeit ist Aussonderung – ausgesondert sein. Heilig zu sein, bedeutet nicht gleich zu sein wie alle anderen und möglichst nicht aufzufallen, sondern ausgesondert zu sein für Gott. Heilig zu sein, bedeutet etwas Besonderes zu sein. Religion raubt uns unsere Kraft, weil sie uns alle gleich machen will. Religion nimmt dir, was dich als Persönlichkeit ausmacht und macht dich zu einem Menschen ohne Alleinstellungsmerkmal. Gott aber liebt gerade das, was dich ausmacht, und er liebt es, wenn du dich nicht „verkleidest".

In gewissen Kulturen gilt man als „guter Christ", wenn man sich nach gewissen Vorgaben kleidet, was dazu führt, dass alle Leute in der Gemeinde genau gleich aussehen. Alle tragen dieselben Kleider und dieselben Haarschnitte und keinen Schmuck. Alle sind gleich, weil sie glauben, dass dies der Wille Gottes für ihr Leben ist. Sie denken, das sei heilig. In Wahrheit aber stehen sie unter dem Einfluss eines religiösen Geistes, der will, dass alle genau gleich sind. Wenn nämlich alle gleich sind, wird am wenigsten von Gott und seiner genialen Kreativität sichtbar. Wir sind aber berufen, die Personen zu sein, zu denen uns Gott gemacht hat, und das auszuleben, was er in uns hineingelegt hat, ohne uns zu verkleiden.

In der Zeit, in der Simson lebte, war es normal, dass man sich die Haare schnitt. Sei nicht normal, sei heilig, denn deine Stärke ist deine Einzigartigkeit.

Unsere DNA macht uns einzigartig und unterscheidet uns von allen anderen Menschen auf dieser Welt. Diese DNA ist unter anderem auch aus unseren Haaren zu entnehmen. Als Simson seine Haare abgeschnitten bekam, wurde ihm etwas genommen, was ihn von allen anderen Menschen unterschied. Dadurch verlor er seine Kraft. Wenn wir uns rauben lassen, was uns einzigartig macht, werden wir unsere Kraft verlieren.

> *Da verriet er ihr alles, was in seinem Herzen war, und sprach zu ihr: Es ist kein Schermesser auf mein Haupt gekommen; denn ich bin ein Nasiräer Gottes von Mutterleib an. Wenn ich nun geschoren würde, so wiche meine Kraft von mir, und ich würde schwach und wie alle anderen Menschen!* (Ri 16,17 SLT).

Licht und Salz der Welt

Der Name Simson bedeutet in der hebräischen Sprache „Sönnlein" oder „kleine Sonne". Simson war ein Licht wie die Stadt auf dem Berg, von der Jesus gesprochen hat. Er schien wie ein Licht für die unterdrückten Israeliten, weil er seiner Einzigartigkeit freien Lauf ließ. Jesus sprach davon, dass wir das Salz und das Licht der Welt sind. Wir sind berufen, mit unserer Einzigartigkeit Geschmack in die Welt zu bringen, indem wir ausleben, was Gott in uns hineingelegt hat. Denn was tut Salz? Es fügt Geschmack hinzu. Versuche mal das Wasser, in dem du Nudeln kochst, nicht zu salzen. In etwa so ist das Leben in der Welt: geschmacklos und fade.

Wenn wir mit unserer Einzigartigkeit Geschmack in die Welt bringen, strahlen wir wie eine Stadt auf dem Berg. Denn die Welt sehnt sich nach dem göttlichen Geschmack, den wir in uns tragen.

> *Ihr seid das Salz der Erde. Wenn nun das Salz nicht mehr salzt, womit soll man salzen? Es ist zu nichts mehr nütze, als dass man es wegschüttet und lässt es von den Leuten zertreten. Ihr seid das Licht der Welt. Es kann die Stadt, die auf einem Berge liegt, nicht verborgen sein* (Mt 5,13-14).

Söhne und Töchter sind sie selbst. Sie leben das aus, was der Vater in sie hineingelegt hat. Das macht sie zu kleinen Sonnen, die mit ihrer Einzigartigkeit in der Welt strahlen. Genau diese Einzigartigkeit ist auch ihre Kraft in ihrem Leben.

Anwendung

1. Lass dir vom Heiligen Geist zeigen, was dich auszeichnet und dich einzigartig macht.

---

2. Lass dir deine Einzigartigkeit nicht rauben, indem du denkst, du müsstest wie jemand anderes sein.
3. Frage den Heiligen Geist, welche „Haare“ du dir rauben ließest? Hole sie dir zurück.

Deklaration

Sprich laut über dich aus:

„Ich bin einzigartig, und das ist auch gut so.“

Kapitel 14

Der Kampf um deine Identität

Um unsere himmlische Identität herrscht ein Kampf. Schon zu Beginn kämpfte Satan um die Identität der Menschen. Er versuchte den Menschen ihre göttliche Identität zu rauben und ihnen eine falsche Identität zu geben. Sehen wir uns an, wie Satan das anstellte:

> *Gott schuf den Menschen in seinem Ebenbild: Und Gott schuf den Menschen zu seinem Bilde, zum Bilde Gottes schuf er ihn; und schuf sie als Mann und Frau* (1 Mo 1,27).

Satan aber sagte zu Adam und Eva, sie sollten von dem Baum mitten im Garten essen, um wie Gott zu werden.

> *... an dem Tage, da ihr davon esst, werden eure Augen aufgetan, und ihr werdet sein wie Gott und wissen, was gut und böse ist* (1 Mo 3,4-5).

Adam und Eva waren bereits wie Gott, sie mussten dafür nichts mehr tun. Der Sündenfall konnte nur geschehen, weil Adam und Eva nicht wussten, wer sie waren bzw. sie Gott nicht glaubten, der ihnen sagte, wer sie waren. Sie wussten nicht, dass sie bereits im Ebenbild Gottes geschaffen waren, und dies öffnete dem Feind eine Tür, die er liebend gerne benutzte. Auch heute noch versucht uns Satan davon zu überzeugen, dass wir nicht die sind, die wir eigentlich sind.

Sogar Jesus wurde von Satan versucht. Genau wie bei Adam und Eva versuchte Satan ihn hinsichtlich seiner Identität zu belügen.

Satan zweifelte das an, was der himmlische Vater kurz zuvor Jesus offenbart hatte:

> *Du bist mein lieber Sohn, an dir habe ich Wohlgefallen* (Lk 3,22).

> *Der Teufel aber sprach zu ihm: Bist du Gottes Sohn, so …* (Lk 4,3).

Satan stellte die Identität von Jesus als geliebtem Sohn in Frage, die Gott ihm kurz vorher öffentlich zugesichert hatte. Ich glaube, dass sich dies heute immer noch genauso vollzieht. Satan zweifelt das an, was uns Gott bereits offenbart hat. Satan sagte nicht: „Du bist nicht Gottes Sohn!", er zweifelte die Identität von Jesus viel hinterlistiger an: „… wenn du Gottes Sohn bist, dann …" Wenn Gott dir also etwas über deine Identität offenbart, wirst du es brauchen, um den hinterlistigen Lügen des Feindes widerstehen zu können.

Wenn Satan Adam und Eva und sogar Jesus bezüglich ihrer Identität versuchte, wird er es höchst wahrscheinlich auch bei dir tun. Deine Identität ist also umkämpft. Aus meiner Sicht gibt es keinen Bereich unseres Lebens, der so umkämpft ist wie unsere Identität. Die Tatsache, dass wir eine Waffenrüstung brauchen (Eph 6), sagt mir, dass ein Kampf stattfindet. Dieser Kampf, so glaube ich, spielt sich vorwiegend in unseren Gedanken ab und dreht sich um unsere Identität.

Satan weiß, dass er den Kampf bereits gewonnen hat, wenn er dich davon überzeugen kann, dass du weder wichtig noch geliebt bist. Er setzt alles daran, dich davon abzuhalten, dass du glaubst, was Gott über dich sagt. Wenn er das schafft, bist du für ihn nicht mehr gefährlich, weil du dann nie erreichen wirst, wozu Gott dich geschaffen hat. Jesus lebte so, wie er lebte, weil er wusste, wer er war. Wenn Jesus sich nicht sicher gewesen wäre, ob er wirklich der Sohn Gottes ist, hätten wir heute ein großes Problem.

Wie dein Leben verlaufen wird, hängt nicht primär von deiner Anstrengung ab, sondern davon, was du über dich denkst – also von deiner Identität. Deine Gedanken über dich selbst werden zur

Wirklichkeit in deinem Leben. Wenn wir also Lügen über uns und unsere Identität glauben, werden wir nie erreichen, wozu wir geschaffen sind. Dies wiederum bedeutet, dass Satan sein Ziel erreicht hat.

Ausleben, wofür du geschaffen wurdest

Wir können es uns nicht leisten, anders von uns zu denken, als unser himmlischer Vater von uns denkt. Bill Johnson schreibt: „Ich kann es mir nicht leisten, einen Gedanken über mich in meinem Kopf zu haben, den er nicht in seinem hat."[1]

Wenn wir jene Träume verwirklichen wollen, die Gott in unser Leben gelegt hat, müssen wir die Wahrheiten annehmen, die er über uns ausgesprochen hat. Unsere Identität ist das sichere Fundament, auf dem wir unsere Berufung verwirklichen können.

> Die Leute, die verrückt genug sind zu denken, sie können die Welt verändern, sind diejenigen, die es tun.[2]

Um die Welt zu verändern, musst du glauben, dass du eine geniale Person bist. Wenn du nicht glaubst, dass die Welt von dir profitieren wird, wirst du die Welt nicht verändern. Aus diesem Grund versucht uns Satan einzureden, dass aus uns nichts werden wird, dass wir ein Niemand sind und dass wir nichts können. Ich persönlich habe damit aufgehört solche Lügen zu glauben, und angefangen, die Welt zu verändern. Ich lade dich ein, dasselbe zu tun.

Über mein Versagen und meine Unzulänglichkeiten nachzusinnen, ergibt überhaupt keinen Sinn, denn wofür mich Gott geschaffen hat, dafür hat er mich auch optimal ausgerüstet. Es nützt mir nichts, wenn ich weiß, was ich nicht kann. Ich muss entdecken und mich darauf fokussieren, was meine Begabungen sind.

---

[1] Übersetzt aus Bill Johnson, *Strengthen Yourself in the Lord,* S. 98.

[2] Steve Jobs, aus Walter Isaacson, *Steve Jobs: Die autorisierte Biografie des Apple-Gründers,* Gütersloh 2011.

Leider glauben viele Leute den Lügen, die ihnen Satan präsentiert. Sie sehen sich ein Leben lang als Opfer der Gesellschaft, als Menschen, die nichts Besonderes sind und nichts Herausragendes leisten können. Sie sehen sich als minderwertig an gegenüber „großen Männern und Frauen Gottes". Sie sehen ihren Nächsten an und denken: „Der kann die Welt verändern, aber ich habe nichts weiterzugeben." Obwohl Gott so viel Himmlisches in sie hineingelegt hat, lassen sie sich von den Lügen Satans berauben und leben aus diesem Grund nicht aus, was Gott für sie bereithält. Sie sehen nur, was sie nicht haben und nicht können, anstatt sich darauf auszurichten, was sie haben und was sie können.

Dein himmlischer Vater ist von dir überzeugt. Wenn er nicht davon überzeugt wäre, dass du so, wie du bist, die Welt verändern könnest, hätte er dich anders geschaffen. Das heißt für mich, dass auch ich von mir überzeugt sein kann. Ich bin überzeugt davon, dass in mir das Potenzial liegt, um die Welt zu verändern. Ich hoffe, dass du dasselbe auch von dir glaubst. Ich bin überzeugt, dass die Welt mich braucht. Und genauso braucht sie dich! Denn nur du kannst der Welt geben, was alleine du ihr geben kannst. Niemand kann das für dich übernehmen. Ich kann der Welt geben, was alleine ich ihr geben kann, aber nicht das, was du ihr geben kannst.

Jeanne d'Arc, die Jungfrau von Orleans, soll gesagt haben: „Ich habe keine Angst. Ich wurde dazu geboren, dies zu tun." Wenn wir unsere Identität verstehen und entdecken, wozu wir geboren worden sind, müssen wir keine Angst mehr haben.

Wenn wir unser Lebensfundament aus den Zusprüchen und Verheißungen Gottes über unser Leben bauen und uns nicht berauben lassen, werden wir die Welt verändern. Das Einzige, das dich davon abhalten kann, dass deine Träume Wirklichkeit werden, ist, wenn du aufgibst. Wenn du aber weißt, wer du bist und wozu du berufen bist, gibt es keinen Grund aufzugeben. Wenn wir unsere himmlische Identität so verinnerlichen, dass wir gar nicht anders können, als auszuleben, was in uns steckt, kann uns nichts aufhalten. Wir werden sehen, wie unsere Visionen Wirklichkeit werden.

So, wie Jesus vollendet hat, wozu er auf diese Welt gekommen ist, werden auch wir vollenden, wozu wir erschaffen wurden, wenn wir uns unsere himmlische Identität nicht rauben lassen.

Als David in den Kampf gegen Goliath marschierte, sah er sich selbst so, wie Gott ihn sah. Er sah Goliath nicht als übermächtigen Riesen, weil er sich selbst so sah, wie Gott ihn sah. Wenn wir uns selbst so sehen, wie Gott uns sieht, können wir in diese Welt hinausgehen und sie verändern, ohne Angst zu haben. Wenn wir so von uns denken, wie Gott von uns denkt, kann uns nichts mehr Angst einflößen oder einschüchtern, weil wir wissen, wer wir sind! Dies wiederum befähigt uns, der Welt zu geben, was wir der Welt geben können.

… du bist wunderbar, so wie du bist. Wenn der Heilige Geist in dir wohnt, wenn du du selbst bist und weißt, was Gott über dich denkt, hast du alles, was du brauchst, um die Welt zu verändern! Finde deine himmlische Identität und lass sie dir nie wieder rauben. Du wirst damit dir, deinem himmlischen Vater und der ganzen Welt einen riesigen Gefallen tun!

Anwendung

1. In welchen Bereichen bist du herausgefordert, die Wahrheiten Gottes über dich anzunehmen?

---

2. Erstelle dir eine Liste mit Deklarationen bezüglich dessen, wer du bist. Wenn dich der Feind versucht, dann nimm diese Liste und sprich über dich aus, was Gott über dich sagt.

Deklaration

Sprich laut über dich aus:

„Ich bin im Ebenbild Gottes geschaffen."

„Ich bin ein(e) bedingungslos geliebte(r) Sohn/Tochter Gottes."

„Ich bin berufen, die Welt zu verändern."

Kapitel 15

Das Ziel

Obwohl du dich besser fühlen wirst, wenn du dir deiner wahren Identität bewusst bist, geht es eigentlich nicht um *dich*. Es geht um deinen Nächsten. Wenn du nämlich verstehst, wer du bist und wer dein himmlischer Vater ist, kannst du beginnen, deinen Nächsten zu lieben.

> *Du sollst deinen Nächsten lieben wie dich selbst* (3 Mo 19,18; Mt 19,19).

Jesus fühlte sich gut, weil er wusste, wer er wirklich ist. Dies machte ihn aber nicht egoistisch oder egozentrisch, sondern es befähigte ihn vielmehr, sein Leben hinzugeben, damit wir leben können. Wenn du deine wahre Identität findest, macht dich das nicht egoistisch, sondern es befähigt dich, noch effektiver anderen Leuten zu helfen, so wie Jesus es tat. Eigentlich geht es nicht um uns. Aber wenn wir unseren Wert nicht kennen, werden wir nie aufhören, unseren Minderwert zu kompensieren, und somit nie beginnen, anderen Leuten zu helfen und sie zu lieben. Aus diesem Grund bin ich mir sicher, dass es unabdingbar ist, dass wir immer mehr unsere wahre Identität entdecken, um unserem Nächsten helfen zu können.

Finde heraus, was dein himmlischer Vater über dich denkt, damit du dich selbst lieben lernst und dann andere lieben kannst!

Anwendung

1. Lies die Bibel und schreibe dir biblische Wahrheiten über dich selbst heraus.
2. Deklariere jeden Tag diese biblischen Wahrheiten über dich.
3. Verbringe täglich Zeit in der Gegenwart Gottes und lass seine Liebe auf dich wirken.

Über den Autor

Silvan Carabin ist verheiratet mit Melanie und lebt dafür, den Himmel auf die Erde zu bringen und zu sehen, wie das Königreich Gottes in jedem Aspekt der Gesellschaft sichtbar wird.

Silvan ist der Leiter der Supernatural Life Academy (SLA) und Mitglied der operativen Gemeindeleitung der FCG Aarau.

Kontakt: silvan.carabin@gmx.ch

Website: www.silvancarabin.com

Weitere Produkte von GloryWorld-Medien

„Himmlische Bücher für die Erde"

Paul Manwaring, Die Herrlichkeit Gottes

Was sie ist und wie unser Leben davon geprägt sein kann

260 S.; Paperback; Vorwort von Bill Johnson

Gott hat eine Leidenschaft: Er möchte, dass wir seine Herrlichkeit kennen, und zwar schon hier auf Erden!

Paul Manwaring, der Leiter des apostolischen Netzwerk der Bethel Church, beschreibt seinen Weg in dieses Verlangen Gottes hinein. Er verfolgt die Spuren der Offenbarung von Gottes Herrlichkeit durch die Bibel hindurch und lädt uns ein, Moses Wunsch an Gott zu folgen: „Zeige mir deine Herrlichkeit."

„Dies könnte das ermutigendste Buch sein, das Sie je lesen werden" (Bill Johnson).

David Herzog, Invasion der Herrlichkeit

Leben unter einem offenen Himmel

232 S.; Paperback; Vorwort von Mahesh Chavda

Gott möchte, dass wir unter einem offenen Himmel leben und seine Herrlichkeit in einem noch viel höheren Maß erleben.

Der Autor erklärt, was in der Herrlichkeit alles möglich ist, und lässt uns an seinen Erfahrungen in den Bereichen kreative Wunder, Herbeiführung von Erweckung, Überwinden physikalischer Grenzen, Versetztwerden an andere Orte, Träume, Visionen und Offenbarungen usw. teilhaben.

Der anschließende, praktische Teil „40 Tage Invasion der Herrlichkeit" hilft uns, die Aussagen des Buches selbst zu erleben.

Wayne Jacobsen
Die Gemeinschaft der Neuen Schöpfung

Wie wir sie finden und warum es noch so viel mehr gibt

272 S.; Paperback

Seit über 50 Jahren beschäftigt den Autor die Frage nach der authentischen neutestamentlichen Gemeinde. Er hat sie schließlich an den ungewöhnlichsten Orten entdeckt und möchte uns dabei helfen, diese unglaubliche, von Jesus geformte Braut zu finden.

Dazu betrachtet er die Gemeinde aus Gottes Sicht. Sie beginnt im Herzen Einzelner und fügt sich dann zu einer weltweiten Gemeinschaft von Menschen zusammen, die untereinander Gottes Herrlichkeit zum Ausdruck bringen.

Thom Gardner, Liebe ohne Ende

Eine Offenbarung von Gottes Leidenschaft, Gegenwart und Herrlichkeit; 248 S., Paperback

Thom Gardner geht ganz praktisch der Frage nach, was Gottes Liebe ausmacht und wie diese Liebe unser Leben immer mehr durchdringen kann. Seine Liebe hat die Kraft, alle Hindernisse zu überwinden, die Folge unserer Verletzungen aus Beziehungen und unseres begrenzten menschlichen Verstandes sind.

Die „Wendepunkte" am Ende eines jeden Kapitels leiten Sie dazu an, die Leidenschaft Gottes zu spüren, seine Gegenwart zu erleben und seine Herrlichkeit zu sehen. Sie werden immer tiefer erfassen, dass Gottes Liebe für Sie in der Tat „ohne Ende" ist.

Ein von Liebe und Gnade bestimmtes Leben wird Ihnen ermöglichen, auch anderen immer mehr in Liebe und Gnade zu begegnen – selbst denen, die Sie verletzt haben.

Jonathan Welton, Die Schule der Seher

Eine praktische Anleitung, wie man ins Unsichtbare hineinsehen kann; 224 S.; Pb.; Vorwort von Randy Clark

Viele Christen haben angefangen, übernatürliche Phänomene zu erleben: Träume, (offene) Visionen, Engel oder Dämonen. Aber es mangelt ihnen an solider biblischer Lehre und sie sind zu dem geworden, was man als *Seherwaisen* bezeichnet: Sie suchen verzweifelt nach jemandem, der sie trainiert, ermutigt und freisetzt.

Das Ziel von Jonathan Welton war deshalb, ein praktisches Handbuch herauszubringen, das den Leib Christi mit den Informationen ausrüstet, die notwendig sind, um in der Dimension des Prophetischen bzw. des Sehers zu wachsen und im Leben im Übernatürlichen Reife zu erlangen.

Mirjam Fischer, Lebe in deiner Bestimmung

Entdecke, was Gott in dich hineingelegt hat; 104 S., Pb.

Dieses Buch möchte dir helfen, deine Einzigartigkeit und den damit verbundenen ganz persönlichen Auftrag von Gott zu erkennen und anzunehmen. Es wird dir eine Hilfe sein auf dem Weg, deine Bestimmung zu erreichen.

Anhand bekannter Personen aus der Bibel wie Petrus, David oder Mose lernst du, wie Gott Menschen beruft und führt. Du lernst auch, Hindernisse wie Lebenslügen, Zweifel oder Entmutigung zu überwinden und deinen tiefsten Herzenswünschen zu folgen.

Ja, du hast eine wunderbare Bestimmung. Gott hat alles in dich hineingelegt, was es braucht, dieses Ziel zu erreichen. Er steht dir zur Seite und wohnt mit seinem Heiligen Geist in dir. Lass dich nicht länger aufhalten, ihm zu folgen.

Christoph Fischer, Der Weg eines Sohnes

Wie die Liebe des Vaters uns in unsere Identität und Berufung hineinführt; 112 Seiten, Pb.

Auf eine authentische, lebensnahe Art nimmt uns Christoph Fischer mit auf seine Reise zu einer innigen Beziehung zu Gott und in seine Berufung hinein. Dabei scheut er sich nicht, die Herausforderungen des Alltags ungeschminkt wiederzugeben und aufzuzeigen, wie wir als Sieger daraus hervorgehen können.

Eine praktische Anleitung, wie wir den Lügen des Teufels hinsichtlich unserer Identität und Berufung widerstehen und die Wahrheit Gottes ergreifen können.

Danny Silk, Erziehung mit Liebe und Vision

Herzensbeziehungen eingehen statt Machtkämpfe austragen

Vorwort von Bill Johnson; 170 S., Pb.

Danny Silk fordert uns in unserem bisherigen Denken über Liebe, Disziplin und Respekt, ja in unserer generellen Vorstellung von Kindererziehung heraus. Er stellt eine Denk- und Lebensweise vor, die eine Leichtigkeit und Frieden in unsere familiären und sonstigen Beziehungen bringt.

Unser Herz spielt dabei die zentrale Rolle. Das Herz der Eltern und das Herz der Kinder. Wenn beide Seiten verstehen, wie sich ihr jeweiliges Verhalten auf das Herz des anderen auswirkt, werden die Herzen geschützt und Beziehungen können gedeihen.

Chris Gore, In Gottes Heilungskraft leben

Wenn Zeichen und Wunder ganz natürlich von uns ausgehen

160 S.; Paperback

In Gottes Heilungskraft zu leben und zu wirken, ist einfacher als wir denken. Chris Gore, der Leiter der Heilungsdienste der Bethel Church, zeigt auf, wie jeder Christ effektiv für einen Lebensstil der Heilungen und Wunder zugerüstet und aktiviert werden kann. Wirklich den Charakter Gottes zu kennen, Hindernisse für einen solchen Lebensstil zu überwinden und lernen, darauf zu vertrauen, dass Gott das Übernatürliche tut, sind nur einige der Themen, die angesprochen werden.

Bestellen Sie im Buchhandel oder direkt beim Verlag:

GloryWorld-Medien | Beit-Sahour-Str. 4 | D-46509 Xanten
Fon: 02801-9854003 | Fax: 02801-9854004 | info@gloryworld.de

Aktuelles, Leseproben, Downloads & Shop: **www.gloryworld.de**